城市轨道交通车站机电设备及管理

主　编　何松原　周昱英　邓　嘉
副主编　沙国荣　祁晓菲　田　炜
　　　　汤晓晨　吴　蓓

南京大学出版社

简介内容

本书主要介绍了城市轨道交通车站的主要机电设备，全书共分10章，包括车站概述、通风与空调系统、消防系统、低压配电与动力照明系统、站台屏蔽门系统、自动扶梯与垂直电梯、自动售检票系统、给排水系统、通信系统、综合监控系统。

本书语言简洁、内容全面，可作为职业院校城市轨道交通智能运营专业及城市轨道交通设备与控制技术专业的教学用书，也可作为城市轨道交通从业人员的岗位职业培训教材。

图书在版编目(CIP)数据

城市轨道交通车站机电设备及管理 / 何松原，周昱英，邓嘉主编.—南京：南京大学出版社，2024.8
ISBN 978 - 7 - 305 - 27470 - 1

Ⅰ.①城… Ⅱ.①何… ②周… ③邓… Ⅲ.①城市铁路－车站设备－机电设备－设备管理－高等职业教育－教材 Ⅳ.①U239.5

中国国家版本馆 CIP 数据核字(2023)第 243950 号

出版发行　南京大学出版社
社　　址　南京市汉口路 22 号　　　邮　　编　210093
书　　名　**城市轨道交通车站机电设备及管理**
　　　　　CHENGSHI GUIDAO JIAOTONG CHEZHAN JIDIAN SHEBEI JI GUANLI
主　　编　何松原　周昱英　邓　嘉
责任编辑　朱彦霖　　　　　　编辑热线　025 - 83686531
照　　排　南京开卷文化传媒有限公司
印　　刷　南京人民印刷厂有限责任公司
开　　本　787 mm×1092 mm　1/16　印张 13.75　字数 352 千
版　　次　2024 年 8 月第 1 版　2024 年 8 月第 1 次印刷
ISBN　978 - 7 - 305 - 27470 - 1
定　　价　42.00 元

网　　址：http://www.njupco.com
官方微博：http://weibo.com/njupco
官方微信号：NJUyuexue
销售咨询热线：(025)83594756

前　言

本教材主要面向城市轨道交通运营岗位和机电设备维修岗位编写。全书主要介绍车站机电设备的使用和日常维护，可作为城市轨道交通智能运营专业及城市轨道交通设备与控制技术专业的核心课程教学用书。

本书系统地对城市轨道交通车站机电设备进行了论述，内容包括车站概述、通风与空调系统、消防系统、低压配电与动力照明系统、站台屏蔽门系统、自动扶梯与垂直电梯、自动售检票系统、给排水系统、通信系统、综合监控系统等。通过学习该课程，学生应能掌握城市轨道交通车站主要机电设备的基础知识、基本结构和工作原理，了解各设备在运营过程中的实际作用和具体功能，并具备轨道交通设备的操作和维护等能力以及改进创新的思维开发。

本书由南京工业职业技术大学城市轨道交通教学部教材编写组完成，全书采用项目式编写模式，在编写过程中得到了南京地铁运营有限责任公司、苏州市轨道交通集团有限公司、郑州捷安高科股份有限公司、深圳市同立方科技有限公司、北京京投轨科轨道交通科技有限公司等单位的支持，在此表示感谢。

本书在编写过程中，参考和引用了国内外大量的文献资料，在此谨向原作者表示衷心的感谢。由于编者水平有限、经验不足，书中不足之处在所难免，望广大读者批评指正。

编者

2023 年 12 月

目　录

项目一

概　述

 学习目标

1. 了解城市轨道交通车站。
2. 掌握城市轨道交通车站的具体功能及分类。
3. 掌握车站机电设备的配置及原则。

项目导学

　　1863年，英国伦敦地铁通车运营，是世界上最早运营的城市轨道交通系统，此后150多年来，世界各地开通了包括地铁系统、轻轨系统、单轨系统、有轨电车、磁悬浮系统等多种类型的城市轨道交通系统，城市轨道交通已成为城市公共交通的重要组成部分。

　　北京地铁一期工程于1965年7月1日开工建设，其线路自西向东贯穿北京市区，采用明挖回填法施工。全长23.6 km，设17座车站和一个车辆段。1969年10月1日建成通车，北京是中国大陆第一个拥有地铁的城市。

　　中国城市轨道交通发展迅猛，已经建成或正在兴建的城市轨道交通包括了上述各种类型。截至2020年底，国内共有44座城市开通了轨道交通，运营总里程达7 647.7 km。

任务一　城市轨道交通发展

　　城市轨道交通是以电能为动力，采取轮轨运转方式的快速大运量公共交通的总称。广义的城市轨道交通是指以轨道运输方式为主要技术特征，具有中等以上运量的轨道交通系统。城市轨道交通在城市公共客运交通中起骨干作用，是一种现代化立体交通系统，其优点是节能、占地少、运量大、全天候、无污染和安全，缺点是投资高、路网结构固定不易调整、运营成本高、技术条件要求高。

一、城市轨道交通的分类

　　城市轨道交通是指采用专用轨道导向运行的城市公共客运交通系统，包括地铁、轻轨、

单轨交通、有轨电车、磁悬浮系统、自动导向轨道系统、市域快速轨道系统等多种类型。城市轨道交通一般以地铁为主。

1. 地铁

地铁是指在城市中修建的快速、大运量、长距离、用电力牵引的轨道交通。列车在平面全封闭的线路上运行，位于中心城区的线路基本设在地下隧道内，中心城区以外的线路一般设在高架桥或地面上。地铁车辆的轴重相对较重。

地铁主要由线网、轨道、车站、车辆、通信信号等设备构成，要求各部门能够有机结合，协同动作，最大限度地完成输送任务。列车一般采用6～8节编组。单向客流量为3万人次/h，最高可达6万～8万人次/h。最高速度可达100 km/h，列车运行最小间隔可低于1.5 min。

地铁有建设成本高，建设周期长的弊端，但同时又具有运量大、安全、准时、节省能源、不污染环境、节省城市用地的优点。地铁适用于出行距离较长，客运量需求大的城市中心区域。地铁常被称为 Metro、MTR 或 Underground 等。

图 1-1　南京地铁 2 号线

2. 轻轨

轻轨是在有轨电车的基础上改造发展起来的，具有线路全封闭、有电力牵引、轮轨导向、车辆编组运行等特点的中运量城市轨道交通系统。轻轨一般采用地面线路和高架线路相结合的方法建设，可以从市区通往近郊。与地铁相比，轻轨车辆的轴重较轻。

图 1-2　长春轻轨 3 号线

轻轨列车编组采用 2～4 节,铰接式车体结构。轻轨的单向客流量为 1.5 万～3 万人次/h,运营速度为 50～70 km/h。

由于轻轨具有投资少,建设周期短,施工简便,运能高,灵活等优点,所以轻轨尤其适合我国大、中城市特别是中等城市。

3. 单轨交通

单轨交通是运行在专用轨道梁上的中运量城市轨道交通系统,采用电力牵引,并装有特殊的导向装置。单轨分为跨座式和悬挂式,在轨道梁上部行驶的称为跨座式单轨交通,在轨道梁下部行驶的称为悬挂式单轨交通。

单轨列车由若干节车厢组成。车厢的走行部分由橡胶驱动轮和导向轮组成,噪声较小。列车最高速度可达 80 km/h,运营速度为 30～40 km/h,单向客流量为 0.5～3 万人次/h。单轨交通因使用橡胶轮胎,容易在陡坡、小半径曲线上运行,在地形起伏变化比较大的城市特别实用。

图 1-3　重庆 2 号线跨坐式单轨

4. 有轨电车

有轨电车是使用电力牵引和轮轨导向,运行在城市路面线路上的低运量轨道交通系统,一般是 3～7 辆编组。

有轨电车单向运输能力一般在 3 万人次/h 以下,通常采用地面路线,路权混用或部分路权独立,与其他车辆混合运行,运行速度一般在 10～20 km/h 之间。

有轨电车是最早发展的城市轨道交通之一,与地铁、轻轨等轨道交通系统相比,有轨电车具有工程量小、投资少、运营成本低等优点。

图 1-4　苏州有轨电车 1 号线

5. 磁悬浮系统

磁悬浮系统是一种利用电磁力将列车悬浮于轨道并进行导向,用直线电机产生牵引动力,驱动列车运行的城市轨道交通系统。

磁悬浮系统是一种非轮轨黏着传动,克服了传统列车轮轨黏着限制,机械噪声和磨损等问题,运行速度可达 500 km/h,具有高速、安全、舒适、节能、环保、维护简单、占地少等优点,是新一代交通运输工具。

图 1-5　上海磁悬浮机场线

6. 自动导向轨道系统

自动导向轨道系统是一种无人驾驶、全自动运行的轨道交通系统。列车在专门制作的混凝土通道内行驶,其导向轨道在走行轨的两侧或中部。可单节运行,也可成组运行。车轮为橡胶轮胎,列车运行速度达 60 km/h。

自动导向轨道系统具有工程造价低、运行噪声小、占地面积少、乘客乘坐舒适、能适应陡坡急弯等特点。

图 1-6　上海轨道交通浦江线

7. 市域快速轨道系统

市域快速轨道系统是指建在城市内部或内外结合部,把市区与郊区,尤其是与远郊联系起来的铁路。市域快速轨道系统一般和干线铁路设有联络线,线路大多建在地面,部分建在地下或高架。市域快速轨道系统的设备与干线铁路相同,运行特点接近于干线铁路,服务对象以城市公共交通客流,即短途通勤乘客为主。

市域快速轨道系统是伴随着城市规模的扩大、卫星城的建设而发展起来的,通常使用电力牵引,列车编组多在4~10辆,最高速度可达100~120 km/h。市域快速轨道系统运能与地铁相同,但站距比地铁长,运行速度高于地铁,可达120 km/h以上。

图1-7 温州市域S1线

目前,我国城市轨道交通系统中,主要包括地铁和轻轨。地铁和轻轨主要区别见表1-1。

表1-1 地铁与轻轨的主要区别

分类	地铁		轻轨	
载客量(万人次/h)	6~8	2.5~5	1.5~3	1~2
车型	A	B	B或C	C
列车长度(m)	185	140	100	60
编组	6~8 节		2~4 节	
最高速度(km/h)	80~100		60~80	
平均速度(km/h)	70~90		50~70	
平均站距(km)	1.2~2		0.8~1.5	
运量	大		中	
城市人口规模(万人)	≥300		≥150	
列车轴重	一般大于13吨		一般小于13吨	

二、城市轨道交通的特点

城市轨道交通在满足城市居民出行需求,优化城市结构布局,促进社会经济发展,缓解城市交通拥堵等方面发挥着重要作用,已逐步成为衡量城市综合实力的重要标志。其特点主要表现在以下几个方面:

1. 运量大

城市轨道交通的列车行车间隔短、运行速度快、列车编组辆数多且密度大,因而具有较大的运输能力。

2. 速度快

城市轨道交通系统列车采用先进的动车组动力牵引方式,且有良好的线路条件及自动控制体系,有可靠的安全保障措施,因此运行速度都比较高。目前,地铁列车的最高运行速度一般都达到 80 km/h 以上。

3. 能耗低、污染少

与公共汽车等其他交通方式相比,城市轨道交通能源利用率高,人均运输能耗相对较低。采用电力牵引,基本不产生废气污染,且采用多种防振和减噪措施,有效降低了对环境的影响。

4. 可靠性强,舒适度高

城市轨道交通路线一般都与地面交通完全隔离,具有独立路权,受地面交通干扰及气候影响较小,具有运行稳定、准点性好的特点。同时,城市轨道交通系统的车站候车,售检票环境、途中车厢内的乘车环境,均有现代化的环境控制措施保障,乘客乘车的舒适度较高。

5. 建设投资巨大

城市轨道交通路线越长,形成的规模越大,其优势就越明显。同时,城市轨道交通系统建设要求高、施工难度大,设备技术标准高。因此,城市轨道交通路线建设的工程投资巨大。线路为永久性结构(如地下隧道,高架桥结构等),建成后几乎无调整可能性。因此,对于城市轨道交通路线的选线及路网规划要求更高,难度更大。

6. 运营成本高

城市轨道交通系统能源消耗很大,包括列车牵引、环境控制、车站机电设备及通信信号设备等日常运转的能耗等。除此之外,高标准的防灾系统的投资成本与日常维护保养的成本也相当高,再加上车站服务工作,运营管理的大量人员和设备的费用等,使整个轨道交通系统运营成本居高不下。

7. 经济效益有限

城市轨道交通系统带有较强的公益性特征,关注间接的社会整体效益,无法按运营成本核收票价,极易导致运营亏损。虽然已有少数城市轨道交通系统因乘客量巨大,产业开发经营较佳而略有盈余,但还是有众多的城市轨道交通系统处于"亏本经营",依赖国家与地方政府、社会机构提供补贴。

任务二　城市轨道交通线路和车站

城市轨道交通运营是由多个不同功能的子系统构成,包括车辆、线路、车站三大基础设备及电气、运行和信号等控制系统。

一、城市轨道交通线路

城市轨道交通线路是城市轨道交通车辆运行的基础。它直接承受车辆轮对传来的压力,为保证列车安全、平稳和不间断运行,线路必须保持完好状态。

城市轨道交通线路是由路基、桥隧和轨道组成的一个整体工程结构。根据铺设方式,可分为地下线路、地面线路和高架线路。根据线路在运营中的作用,可分为正线、辅助线和车场线。

1. 正线

正线为载客运营并贯通车站的线路,当线路分叉时,可细分为干线和支线。一般情况下,在正线上分岔以侧向运行的线路为支线,直向运行线路为干线。支线通过配线连接干线,可混合运行,也可独立运行。

正线分为区间正线和车站正线。正线均采用上下行分行,一般实施右侧行车惯例,以便与城市地面交通的行车规则相吻合。南北向线路应以由南向北为上行方向,由北向南为下行方向;东西向线路应以由西向东为上行方向,由东向西为下行方向;环形线路应以列车在外侧轨道线的运行方向为上行方向,内侧轨道线的运行方向为下行方向。

正线行车速度高且密度大,还要保证行车安全和乘坐舒适,因此,线路标准要求高。线路与其他交通线路相交处,一般采用立体交叉。

2. 辅助线

辅助线是指在正线上分岔,为配合列车转换线路或运行方向等某些运营功能服务的线路,包括折返线、渡线、联络线等。辅助线一般不行驶载客列车。

(1) 折返线

折返线是指在线路两端终点站,或者具有折返功能的区间站,供列车折返调头的线路。折返线分为环形折返、尽端折返。

环形折返线俗称灯泡线,如图1-8所示。其将尽端折返作业转化为沿一个环形单线区段运行的作业,取消了折返过程,变为区间运行,利于列车运行,消除了因折返作业而形成的线路通过能力限制条件,有利于提高运营效率。环形折返线不适用于地下线,一般只适用于线路较短、线路延伸较小且该端点站在地面的情况。

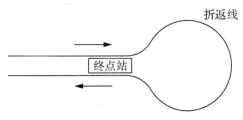

图1-8 环形折返线

尽端折返线可分为单线折返、双线折返、多线折返。尽端折返弥补了环线折返的不足,使车站既可有效组织折返,又可备有停车线供故障停车,检修、夜间停车等作业使用。对于线路延伸也十分方便,比较适合于地下结构的端点站以及线路较长或有延伸可能、土地不宜多占用的情况。

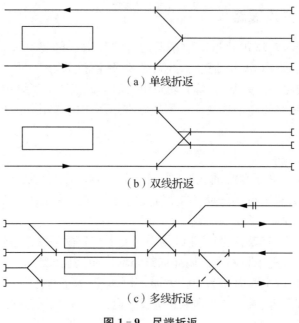

（a）单线折返

（b）双线折返

（c）多线折返

图 1 - 9　尽端折返

（2）渡线

渡线是指设置在正线线路之间，为车辆过渡运行的线路；或在平行换乘站内，为相邻正线线路之间联络的线路。渡线单独设置时，用于临时折返列车，增加列车调度的灵活性；与其他配线合用时，可增加其他配线的功能。渡线可分为单渡线和交叉渡线。

在站前或站后设置渡线，用来完成折返作业，如图 1 - 10 所示。利用渡线折返所需要修建的线路量少，投资小。但列车进出车站与折返作业有严重的干扰。所以，在列车运行速度较高、运行间隔时间较短的线路不宜采用此类办法。

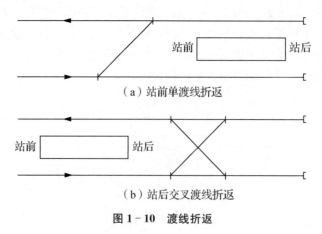

（a）站前单渡线折返

（b）站后交叉渡线折返

图 1 - 10　渡线折返

（3）联络线

联络线是指为沟通两条独立运营线而设置的连接线，为两条线路的列车提供过线服务。联络线因连接到的线路往往不在一个平面上，因此，有较大的坡道和较小的曲线半径，列车运行速度不能过高。通过联络线的跨线列车，一般以不载客车辆为主。

3. 车场线

每一条运营线都设有一个车辆基地,基地内部铺设有若干线路,用于停运后列车入库停放、列车检修、试车、调车等作业,这些线路统称为车场线。车场线主要有停车线、检修线、试车线、洗车线等。

(1) 停车线

停车线是指在车辆基地内,供夜间停止运营列车停放的线路。在车辆基地内,要设有足够的停车线以供列车停放。

(2) 检修线

检修线是指设在车辆基地检修库内,专门用于检修车辆的作业线,配有地沟、立体检修台、架车设备、检修设备等。

(3) 试车线

试车线是指设在车辆基地,用于对检修完毕的车辆进行运行状态检测的线路,为达到必要的运行速度,试车线需有一定长度标准和平纵断面特点。

(4) 洗车线

洗车线是指用于清洗车辆的作业线。

二、城市轨道交通车站分类

车站是城市轨道交通的重要组成部分,是乘客上下车和换乘的场所,保证乘客方便、安全、迅速地进出站,并有良好的通风、照明、卫生、防灾设备等,为乘客提供舒适、清洁的环境。同时也是列车到发、通过、折返、临时停车的地点。车站既是城市轨道交通系统对外提供客运服务的窗口,又是系统内部最重要的生产基地。

1. 按车站与地面的相对位置

城市轨道交通线路敷设于地下、地面或高架,车站也可分为地下车站、地面车站、高架车站。其中,最常见的是地下车站。位于地面或高架线路的车站,其机电设备相对简单,地下车站空间较小且封闭,乘客疏散不便。所以本书主要研究地下车站机电设备。

(1) 地下车站

城市中心的轨道交通线路一般位于地下,因此其车站也一般为地下车站。可以最大限度节省地面空间,城市中心区一般为地下车站。根据其埋深,可分为浅埋式和深埋式车站两种,地下车站造价较高,埋深越大,造价越高。采用双层设计,站厅层在上方,站台层在下方。

(2) 地面车站

地面车站设在地面,占用地面空间,轨道交通线路所经过的地面区域有明显的分割,一般在城市中心区外围采用,造价较低。因占用路权,地面线路很少。

(3) 高架车站

高架线路一般位于城市中心区外围的高架上,其建筑风格应与周围的环境相协调。高架一般建于城市道路的中心线,也可设置在绿化隔离带,从人行道进入高架车站的楼梯、天桥兼作过街人行天桥之用。地面车站和高架车站可不考虑环控系统。采用双层设计,站厅层在下方,站台层在上方。

2. 按运营功能

城市轨道交通车站按运营功能的不同分为中间站、区域站、换乘站、交通枢纽站和终点站等,如图 1-11 所示。

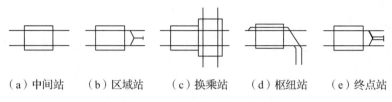

（a）中间站　　（b）区域站　　（c）换乘站　　（d）枢纽站　　（e）终点站

图 1-11　按运营功能车站分类

(1) 中间站

一般仅供乘客上下车,功能单一,是线网中数量最多的车站。

(2) 区域站

又称折返站,是设在线路中间可供列车折返、开行区间列车的车站,站内有折返线和设备,区域站兼有中间站的功能。

(3) 换乘站

换乘站设在两条及其以上线路的交会地点上设置的车站,除了具有中间站的功能外,还供乘客由一条线路的列车换乘到另一条线路的列车上去。换乘站的分布和换乘方式的灵活性,对整个城市轨道交通网络的功能发挥十分重要。根据线路交叉形式不同,有不同的换乘方式。

(4) 交通枢纽站

枢纽站位于线路分岔的地方,其中一条是正线,可以在两个方向上接车和发车、接送两条线路上的乘客。枢纽站可以是中间站、换乘站或终点站。

(5) 终点站

终点站是线路两端的端点车站,除了供乘客上下车外,还用于列车折返及停留,因此,终点站一般设有多股停车线。如果线路需要延长,终点站还可以成为中间站或区域站。

3. 按站台形式

城市轨道交通车站按站台形式可分为岛式站台车站、侧式站台车站、混合式站台车站等。

(1) 岛式站台车站

站台位于上、下行车线路之间,这种站台布置形式称为岛式站台,如图 1-12 所示。岛式站台的上、下行线路的间距较大,站台面积利用率高、乘客换乘方便,大多数地下车站以及线距大的车站均设置岛式站台。

（a）岛式站台　　　　（b）侧式站台　　　　（c）混合式站台

图 1-12　站台形式示意图

（2）侧式站台车站

站台位于上、下行车线路的两侧，这种站台布置形式称为侧式站台。侧式站台的上、下行线路的间距很小，列车进站无曲线，站台的横向扩展余地大，双向乘客上下车无干扰，节省区间用地。一般常用于地面线路或高架线路。

表1-2 岛式站台与侧式站台特点

比较项	岛式站台	侧式站台
上下行线路间距	大	小
站台利用率	较高	较低
乘客换乘	换乘方便	换乘不便
客运管理	管理集中	管理分散
投资成本	较大	较小
站台扩展	困难	容易
线路分布情况	多	少
站台位置	大多数地下站均为岛式	常用于地面站或高架站

（3）混合式站台车站

混合式站台是将岛式站台及侧式站台同设在一个车站内。具有这种站台形式的车站称为岛、侧混合式站台车站，简称混合式站台。

4. 按客流量大小

城市轨道交通车站按客流量大小可分为大车站、中等车站、小车站等。大车站是指高峰每小时客流量在3万人以上的车站；中等车站是指高峰每小时客流量在2～3万人之间的车站；小车站是指高峰每小时客流量在2万人以下的车站。

任务三 城市轨道交通车站的组成

城市轨道交通车站既是乘客换乘的场所，也是从事运输生产活动的场所。其运输生产活动主要包括行车作业和客运作业两部分。车站行车作业包括接发列车作业、列车折返作业等，车站客运作业包括售检票、组织乘客乘降和换乘作业等。

一、城市轨道交通车站的结构组成

车站的平面组成主要分为两大部分。一部分是与乘客有关的区域，包括站厅层、站台层及出入口通道；另一部分是涉及车站运行的技术设备用房及管理用房。

车站的建筑组成一般由四部分组成：车站主体、出入口及通道、通风道及风亭和其他附属建筑，如图1-13所示。

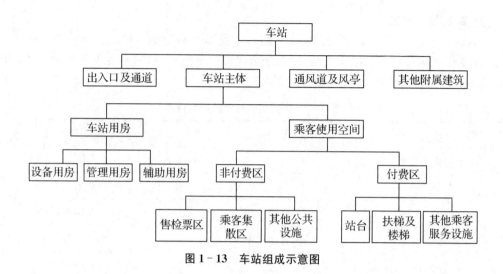

图1-13　车站组成示意图

站厅的主要功能是集散客流和提供客运服务，即将乘客迅速、安全、方便地引导到站台乘车，或将下车的乘客快速引导出站。站台的主要作用是为乘客提供舒适的候车场所。

车站主体根据功能不同，通常分为乘客使用空间和车站用房。

乘客使用空间又可分为非付费区和付费区。非付费区是乘客购票并正式进入车站前的活动区域，一般应有较宽敞的空间，根据需要可在这里设售检票设施、银行、公用电话、小卖部等。付费区包括站台、楼梯、自动扶梯、导向标志等设施。

车站用房包括管理用房、设备用房和辅助用房三部分。管理用房是车站运营管理人员使用的办公用房，主要包括站长室、行车值班室、业务室、广播室、会议室和公安保卫室等。设备用房是为保证列车正常运行、车站内环境条件良好和在灾害情况下的乘客安全所需要的用房，包括通风与空调用房、变电所、综合控制室、防灾中心、通信机械室、自动售检票室、冷冻站、配电室等。辅助用房是为了车站内部工作人员的正常工作生活所设置的用房，主要包括卫生间、更衣室、休息室、茶水室等。

二、城市轨道交通车站的设备组成

城市轨道交通车站机电设备包含的范围比较广泛，具体包括：通风与空调系统、消防系统、低压配电与动力照明系统、站台屏蔽门系统、自动扶梯和垂直电梯系统、自动售检票系统、给排水系统、通信与信号系统、乘客信息系统、综合监控系统等。系统和设备选用要考虑其可靠性、安全性、稳定性、先进性、可扩展性、开发性、交互性、经济性和易于维护性等主要性能指标。

1. 通风与空调系统

地下车站深埋地下且密闭，为确保车站正常安全运营，车站应设置有通风与空调系统，通过对影响环境的空气温度、湿度、空气流速和空气品质等主要因素的控制，从而创造一个适于车站设备正常运转、人员安全舒适的人工环境。通风与空调系统由风系统、空调水系统和集中供冷系统组成。正常情况下，通风与空调系统为车站提供舒适的环境，故也称为环境控制系统，简称环控系统。在阻塞工况和火灾紧急工况下，提供联动模式控制，及时排除有毒有害气体,保证人员安全。

2. 消防系统

消防系统是指用于及早发现和通报火灾,以便及时采取措施控制和扑灭火灾而设置在建筑物中或其他场所的一种自动消防设施。主要包括火灾报警系统和自动灭火系统。其中自动灭火系统根据火灾发生位置启动相应的自动喷水灭火系统和气体灭火系统。

车站、区间隧道、区间变电所及系统设备用房、主变电所、集中冷站、控制中心、车辆基地等场所应设置消防系统。车站消防系统也是防灾报警系统一部分。

3. 低压配电与动力照明系统

车站低压配电与动力照明系统为车站站台、站厅和设备用房的照明系统设备提供电源。多采用400 V三相五线制和220 V单相三线制方式供电。车站变配电系统中大量的动力设备通常集中在车站两端的设备区,车站中部公共区和运行区间负荷主要为照明负荷。各车站根据用电负荷设有1~2座降压变电站,一座为主降压变电站,另一座为跟随式降压变电站,降压变电站专为车站用电负荷供电。

4. 站台屏蔽门系统

站台屏蔽门是一个集建筑、机械、电子、信号、控制、装饰等于一体的综合性门系统,设置于地铁或轻轨车站站台的边缘。该门系统在整个站台长度上将站台区域与轨行区域分隔开来。列车进出站时,屏蔽门系统随着列车车门的开闭而自动同步开闭。

5. 自动扶梯与垂直电梯系统

车站中自动扶梯与垂直电梯系统的用途主要是解决乘客的快速疏散,即列车到达后,大量的乘客从候车站台向站厅疏散。由于地下车站处于地下密闭空间,浅埋式车站站厅一般离开地面5~7 m,深埋式车站甚至7~10 m,乘客的上下只能依赖于楼梯,而自动扶梯与垂直电梯则提供了一种自动输送乘客的能力,满足了乘客对乘降舒适度的要求。

6. 自动售检票系统

自动售检票系统,简称AFC系统,是乘客进入城市轨道交通系统的主要设备,是城市轨道交通普遍应用的现代化联网收费系统。AFC系统是基于计算机、通信网络、自动控制、自动识别,精密机械和传动等技术,实现城市轨道交通售票、检票、计费、收费、统计、清分和管理等全过程的机电一体化、自动化和信息化系统。

7. 给排水系统

给排水系统分为给水系统和排水系统,是保障城市轨道交通安全运营生产的重要组成部分,分别负责车站生产、生活与消防用水的供给和排放。两者既属于不同的系统,同时又有一定的协同功能。

8. 通信与信号系统

城市轨道交通通信与信号系统是直接为轨道交通运营和管理服务的,是指挥列车运行、进行运营管理、公务联络和传递各种信息的重要手段,是保证列车安全、快速、高效运行的不可或缺的综合系统。

9. 乘客信息系统

乘客信息系统,是指为站内和列车内的乘客提供有关安全,运营及服务等综合信息显示的系统设备总称。除提供运营相关信息外,还要提供新闻、天气预报,道路交通等公共信息及公益广告等信息。

乘客信息系统应具有完备的信息处理能力,并应通过系统外部接口进行数据交换及将获得的数据经系统处理后,向乘客提供信息服务。

10. 综合监控系统

综合监控系统,简称ISCS,是基于大型监控软件平台,通过专用的接口设备与若干子系统接口,采集各子系统的数据,实现在同一监控工作站上监控多个专业、调度、协调和联动多系统的集成系统。综合监控系统为实时监控与事务数据管理相结合的系统。ISCS应满足行车指挥、防灾安全和乘客服务等现代运营管理需要。

单元练习

一、单项选择题

1. 世界上最早运营的城市轨道交通系统是( )。

A. 伦敦地铁　　　　　　　　　　B. 北京地铁

C. 波士顿地铁　　　　　　　　　D. 莫斯科地铁

2. 中国大陆第一个运营的城市轨道交通系统是( )。

A. 广州地铁　　　　　　　　　　B. 香港地铁

C. 北京地铁　　　　　　　　　　D. 南京地铁

3. ( )第一条地铁线路建成通车,使北京称为我国第一个拥有地铁的城市。

A. 1967年10月1日　　　　　　　B. 1968年10月1日

C. 1969年10月1日　　　　　　　D. 1970年10月1日

4. 通常地铁车站多采用( )式车站。

A. 岛　　　　　　　　　　　　　B. 侧

C. 混合　　　　　　　　　　　　D. 天桥

5. 下列哪一个不是车站按运营性质划分的选项( )。

A. 中间站　　　　　　　　　　　B. 终点站

C. 始发站　　　　　　　　　　　D. 大型站

二、多项选择题

1. 世界上开通的城市轨道交通有哪些类型( )。

A. 地铁系统　　　　　　　　　　B. 轻轨系统

C. 单轨系统　　　　　　　　　　D. 有轨电车

E. 磁悬浮系统　　　　　　　　　F. 自动导向轨道系统

G. 市域快速轨道系统

2. 根据线路在运营中的作用,可分为( )。

A. 正线　　　　　　　　　　　　B. 辅助线

C. 车站线   D. 车场线

3. 城市轨道交通辅助线有哪些类型(   )。

A. 折返线   B. 渡线

C. 联络线   D. 试车线

4. 城市轨道交通车场线有哪些类(   )。

A. 检修线   B. 停车线

C. 试车线   D. 洗车线

5. 城市轨道交通按车站与地面的相对位置可分为(   )。

A. 地下车站   B. 地面车站

C. 区域站   D. 高架车站

三、判断题

(   )**1.** 城市轨道交通是以电能为动力,采取轮轨运转方式的快速大运量公共交通的总称。

(   )**2.** 城市轨道交通是指采用专用轨道导向运行的城市公共客运交通系统,包括地铁、轻轨、单轨交通、有轨电车、磁悬浮系统、自动导向轨道系统,市域快速轨道系统等多种类型。城市轨道交通一般以轻轨为主。

(   )**3.** 地铁列车一般采用 2～4 节编组。单向客流量为 3 万人次/h,最高可达 6 万～8 万人次/h。最高速度可达 100 km/h。

(   )**4.** 单轨交通主要分为跨座式和悬挂式。

(   )**5.** 磁悬浮系统是一种轮轨黏着传动,克服了传统列车轮轨黏着限制,机械噪声和磨损等问题。

(   )**6.** 自动导向轨道系统是一种无人驾驶、全自动运行的轨道交通系统。

(   )**7.** 城市轨道交通运营是由多个不同功能的子系统构成的,包括车辆、线路、车站三大基础设备及电气、运行和信号等控制系统。

(   )**8.** 车站的建筑组成分为车站主体、出入口及通道、通风道及风亭和其他附属建筑。

(   )**9.** 车站用房包括管理用房、设备用房和辅助用房三部分。

(   )**10.** 车站低压配电与动力照明系统采用 400 V 三相四线制和 220 V 单相三线制方式供电。

四、简答题

1. 简述城市轨道交通的特点。

2. 简述地铁和轻轨的主要区别。

3. 简述岛式站台车站和侧式站台车站的优缺点。

4. 简述车站的结构组成部分以及各组成部分的作用。

5. 简述车站的设备组成部分以及各系统的作用。

项目二
通风与空调系统

 学习目标

1. 了解地铁车站通风与空调系统的主要设备。
2. 掌握地铁车站通风与空调系统的功能和控制。
3. 掌握地铁车站通风与空调的基本操作。

项目导学

　　地铁作为缓解现代城市交通紧张的有效工具,在世界上许多城市得到了广泛应用,从1969年北京建成的中国第一条地下铁道以来,截至2020年底,国内共有44座城市开通了地铁。

　　1863年1月10日,世界上第一条地铁"大都会"号在伦敦开通后,由蒸汽机车驱动,在地下运行时造成环境温度升高,使得乘客很不舒适。后来引入电力机车时,电力机车的功率很大,释放出了更多的热量,导致伦敦地铁内形成了一种难以忍受的窒息状态。

　　随着环境舒适性的问题越来越突出,地铁设计者开始关注地铁车站环境控制。1909年5月在建造波士顿地铁时,采用了隧道顶部的风管进行通风,并且车站出入口设计较大,使得地铁内有比较良好的通风环境。

任务一　通风与空调系统概述

　　我国对地铁建设中地下车站的环境控制也非常重视,《地铁设计规范》(GB 50157 – 2013)中对环境控制的要求做了明确的规定:地铁的通风、空调与采暖系统应保证地铁内部空气环境和空气质量、温度、湿度、气流组织、气流速度、压力变化以及噪声等级等均能符合人员心理及生理条件要求和设备正常运转的需要。

一、通风与空调系统的功能

　　城市轨道交通车站通风与空调系统(又称为环控系统)是指对车站站厅、站台、出入口通道、区间隧道、设备及管理用房等所处的环境进行空气处理的系统。通过该系统的处理,可以对区域内的温度和湿度进行调节,满足车站和列车的正常运行。位于地面及高架上的轨道交通线路,其环控问题比较容易解决,所以城市轨道交通通风与空调系统主要针对地下线,尤其是在发生火灾、车辆阻塞等紧急情况时,起到了极为重要的通风排烟作用。其功能如下:

(1)当列车正常运行时,应保证地铁内部空气环境在标准范围。

(2)当列车阻塞在区间隧道时,应保证对阻塞区进行有效通风。

(3)当列车在区间隧道发生火灾事故时,应具备排烟、通风功能。

(4)当车站内发生火灾事故时,应具备排烟、通风功能。

区间轨行区		车站轨行区 →		区间轨行区
隧道通风设备区	大小系统设备区	公共区	大小系统设备区	隧道通风设备区
区间轨行区		← 车站轨行区		区间轨行区

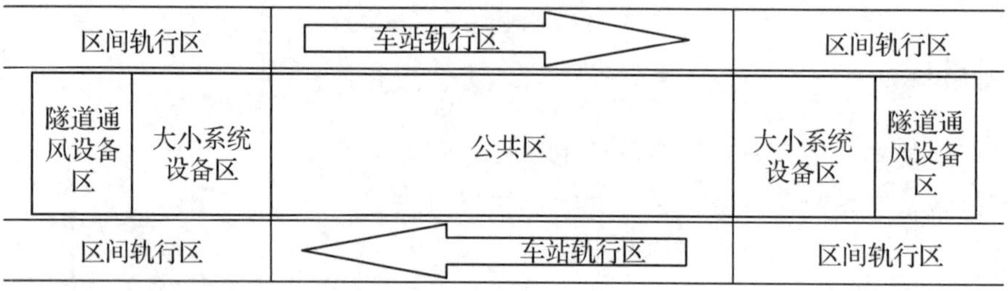

图 2-1 地下车站区域划分

二、通风与空调系统的分类

城市轨道交通车站通风与空调系统按照制式一般分为开式系统、闭式系统和屏蔽门系统。

1. 开式系统

开式系统是应用"活塞效应"或机械通风的方法,通过通风井,让地铁内部空气和外界空气进行交换,来冷却车站和隧道的。开式系统多用于当地最热月的月平均气温低于25℃且运量较小的地铁系统。开式系统中地铁内部与外界交换空气的方式分为活塞通风和机械通风两种。

(1)活塞通风。当列车的正面与隧道断面面积之比(阻塞比)大于0.4时。在隧道中高速行驶的列车,其正面的空气受压形成正压,列车后面的空气稀薄形成负压,由此产生空气流动。利用这种原理通风,称之为活塞效应通风,简称活塞通风。活塞风量的大小与列车在隧道内的阻塞比、列车行驶速度、列车行驶空气阻力系数、空气流经最大的阻力等因素有关。利用活塞通风来冷却隧道,需要与外界有效交换空气。因此全活塞通风系统只应用于早期地铁,现今建设的地铁都设置成活塞通风与机械通风的联合系统。

(2)机械通风。当活塞通风不能满足地铁除余热和余湿的要求时,要设置机械通风系统,如加装射流风机等。区间隧道一般为纵向的送排风系统,且应同时具备排烟功能。区间隧道较长时,宜在区间隧道中部设中间风井。

2. 闭式系统

闭式系统对车站内空气进行封闭,仅通过通风与空调系统供给满足乘客所需的新鲜空气量,并在车站内采用空调降温。隧道内温度利用列车的活塞效应,将车站内的空气引入来控制隧道内温度。

3. 屏蔽门系统

在站台和轨行区之间加装屏蔽门,将两者分隔成两个相对独立的系统,车站安装通风与空调系统,隧道使用通风系统。车站为独立的制冷、除湿区,因此屏蔽门系统有安全、节能和美观等优点。

设置屏蔽门后,车站空调制冷系统仅需承担车站内部乘客散热、机电设备产热和新风冷负荷等,因而可以降低空调系统的冷负荷。此外,可以改善站台候车环境,降低站台噪声,同时还可减少事故隐患,防止乘客跌入轨行区。

各种系统特点对比见表2-1。

表2-1　三种通风与空调系统特点对比

类型	特点	应用程度
开式系统	适用于当地最热月份的平均温度高且运量较大的轨道交通	主要应用于地面线车站
闭式系统	仅在车站两端设置通风井,空调季节时关闭风阀,以防外界空气流入	地下车站多采用此种系统
屏蔽门系统	安全、节能、美观	应用越来越广泛

屏蔽门系统、闭式系统及典型断面示意图如图2-2、2-3所示。

图2-2　屏蔽门系统和闭式系统

三、通风与空调系统的组成

目前我国新修建的城市轨道交通通风与空调系统一般采用屏蔽门系统,将车站分为隧道通风系统和车站通风与空调系统两部分。隧道通风系统包括隧道通风系统(包括区间隧道活塞通风系统与区间隧道机械通风系统)和车站区间排热通风系统。车站通风与空调系

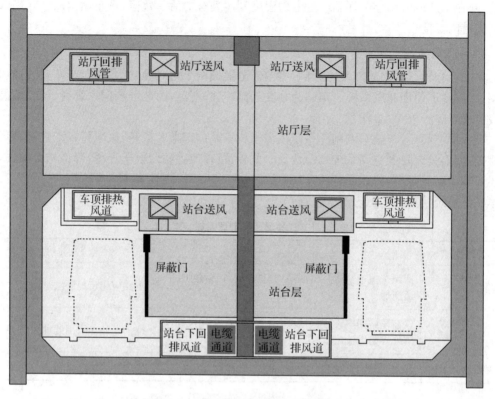

图 2-3 屏蔽门系统典型断面示意图

统分为车站公共区通风与空调系统（简称大系统）、车站设备管理用房通风与空调系统（简称小系统）、空调水系统、车站轨行区排热通风与排烟系统、区间隧道通风系统。车站通风与空调系统分类及主要设备如图 2-4 所示。

1. 车站公共区通风与空调系统

城市轨道交通车站的站厅、站台层公共区是乘客活动的主要场所，也是环控系统通风与空调的主要控制区。公共区通风与空调系统的作用是通过空调或机械通风来排除车站公共区的余热余湿，为乘客创造一个舒适的乘车环境，并在发生火灾时通过机械排风方式进行排烟，使车站内形成负压区，新鲜空气由外界通过人行通道或楼梯口进入车站站厅、站台，便于乘客撤离和消防人员灭火。

车站公共区通风与空调系统又称为大系统，如图 2-5 所示。车站采用全空气低速送风系统，由组合式空调箱和回/排风机组成。典型车站在站厅层两端设置通风与空调机房，由组合式空调机组、回/排风机、新风机、排烟风机、风道、风管、风阀及各种防火阀等设备组成，负责车站一般的公共区通风与空调负荷。

新风从送新风亭引入车站，经过新风机加压后送入组合式空调机组或空调柜中进行热湿处理后，通过送风管道送入站厅、站台公共区和设备区各设备管理用房；回风经回排风机、回排风管，一部分由排风井排至室外，一部分进入混风室与新风会合后送入组合式空调机组或空调柜内，进行处理再利用。车站发生火灾时，送风系统停止，排烟风机将烟气经排烟风管（与回排风共用管道）排至站外。

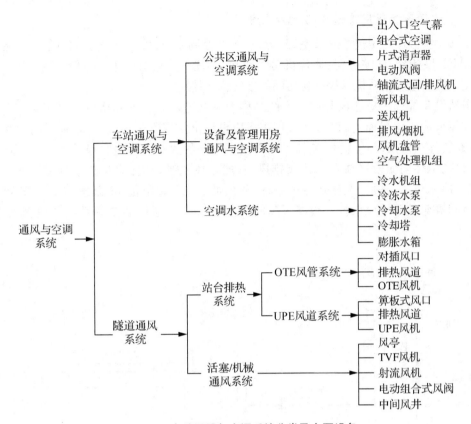

图 2-4 车站通风与空调系统分类及主要设备

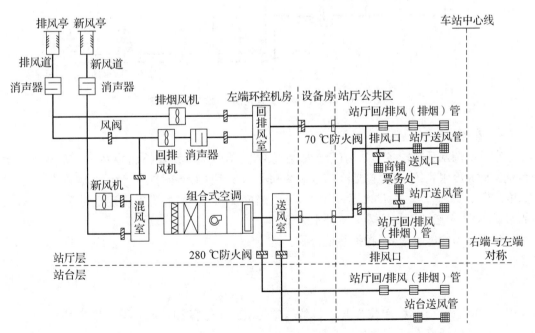

图 2-5 车站公共区大系统

2. 车站设备管理用房通风与空调系统

车站设备管理用房包括站长室、站务室、车站控制室、公安人员室、站台服务室、照明配电室、AFC 设备室、环控机房、通信机房等房间,管理人员相对集中。一般采用分体式空调机组配合机械送排风系统以提高各房间的空气调节效果。

车站设备管理用房通风与空调系统又称为小系统,如图 2-6 所示。各车站小系统的组成和划分应视情况而定,设备及管理用房应设置全空气空调系统,变电所设置冷风系统降温,有气体灭火要求的房间,通风系统应根据不同的灭火介质进行设计,设置下部排风。污水泵房、卫生间应设置独立的机械排风、自然进风系统,气体直接排至地面。通风与空调机房、冷冻机房应设置机械送排风系统,兼排烟功能。蓄电池室、泵房、车站、茶水间、清扫工具间等应设置排风系统。设备及管理用房与公共区通风与空调系统共用新风亭、排风亭。

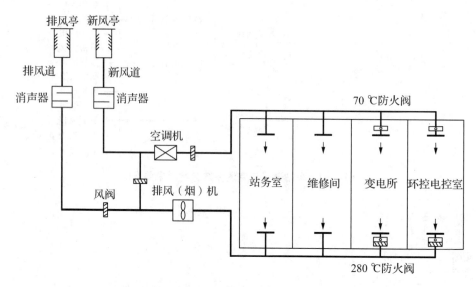

图 2-6 车站设备及管理用房通风与空调系统

3. 空调水系统

车站空调水系统指各车站为供给大、小系统空调用水所设置的制冷系统。车站空调水系统又称为冷水系统,主要包括冷却水系统和冷冻水系统(冷冻水:一般供水温度 7℃,回水温度 12℃。冷却水:一般供水温度 32℃,回水温度 37℃)。水系统采用定水量系统,即机组的水量不变,一般使用气压罐定压补水装置。

计算所需冷冻水量 m,根据热能公式:

$$m = \frac{Q}{c \cdot \Delta t} \tag{2-1}$$

式中:m 单位为 kg/s,Q 单位为 kJ/s(kW),C 为水的比热容 kJ/(kg·℃),取 4.19。

由此可以计算得所需冷冻水量 G:

$$G = \frac{Q}{1.167\Delta t} \qquad (2-2)$$

式中:G 单位为 m^3/h,Q 单位为 kW,Δt 为供回水温差,冷冻水一般取 5℃。

计算所需冷却水量,根据热能公式:

$$m = \frac{kQ}{c \cdot (t_1 - t_2)} \qquad (2-3)$$

式中:k 为制冷机制冷时功耗的热量系数,对于压缩式制冷机,取 1.2~1.3 左右。Q 单位为 kJ/s(kW),C 为水的比热容 kJ/(kg·℃),取 4.19。t_1、t_2 为冷却塔进出水温。

由此可以计算得所需冷却水量 G:

$$G = \frac{1.2Q}{1.167\Delta t} \qquad (2-4)$$

式中:G 单位为 m^3/h,Q 单位为 kW,Δt 为供回水温差,冷却水一般取 5℃。

计算冷却塔设计水量 G:

$$G = 1.1\frac{3\,600Q}{\rho C\Delta t} = \frac{0.953Q}{\Delta t} \qquad (2-5)$$

式中:裕量系数 1.1,Q 单位为 kW,ρ 为 35℃时水的密度,Δt 为冷却水温差,C 为水的比热容 kJ/(kg·℃),取 4.19。

空调水系统中主要由冷却塔、冷冻水泵、冷却水泵、定压补水装置、冷水机组、水处理装置、空气处理机组、风机盘管以及各种水阀和管路组成。空调水系统原理图如图 2-7 所示。

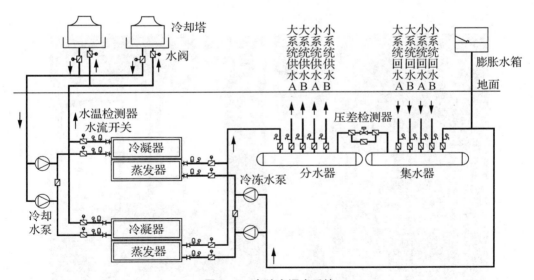

图 2-7　车站空调水系统

地铁运营时一般采用将相邻 3~5 个车站空调用冷冻水汇集到某一处集中供给的方式。冷冻水由二次冷冻水泵和管路输送到各个车站,满足各车站所需冷冻水用量。

4. 车站站台排热通风与排烟系统

车站站台排热通风与排烟系统如图 2-8 所示,在站台轨行区设置轨顶排热风道(OTE)和站台排热风道(UPE)。轨排热风口对准车顶部的空调冷凝器位置布置,站台板下排热风口主要排除列车下部车载设备发热,如图 2-9 所示。排热风机一般设置在车站的两端,可耐 250℃高温 1 h 兼排烟功能,并配有变频器。

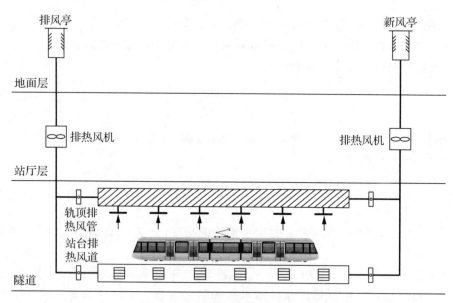

图 2-8　站台排热通风与排烟系统

图 2-9　轨顶排热风口和站台排热风口

5.区间隧道通风系统

地下车站区间隧道通风系统如图2-10所示,一般采用活塞通风和机械通风的方式。活塞通风主要靠列车在隧道中高速行驶,使列车正面的空气受压形成正压,列车后面的空气稀薄形成负压,由此产生空气流动,通过隧道和活塞风亭进出。机械通风的主要设备有隧道风机、推力风机、射流风机及相关风阀。

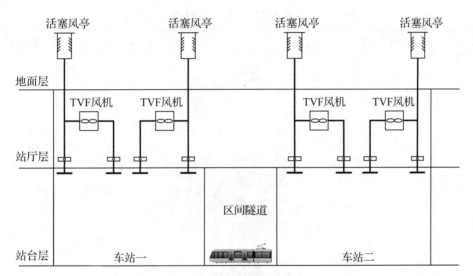

图2-10 地下车站区间隧道通风系统

四、通风与空调系统的主要设备

目前,城市轨道交通中风机的常见形式主要有:贯流风机、离心风机和轴流风机,轴流风机以其独特的优点更加符合地下工程通风与空调系统的要求。一般车站站厅层、站台层公共区用的回/排风机和区间隧道用的 TVF 风机(兼容排烟功能)、设备管理用房小系统中采用的送/排风机均采用轴流风机(含混流风机)均属此类。隧道风机(TVF 风机)在280℃环境下可连续运行 120 分钟,列车阻塞、火灾时的通风和排烟,根据运行模式需要进行正转或反转,通过组合式风阀的开关控制,实现多台风机的串、并联运行或互为备用。单向运转耐高温轴流风机(UPE/OTE 风机),又称为排热风机,是车站隧道排热通风的主要设备,通常设于行车道顶的排热风道(排除车辆冷凝器)和站台下排热风道(排除车载设备发热),同时兼作有效站台长度范围内的事故排烟。单向运转耐高温单速或双速轴流风机(HPF 风机),又称为回/排风机,正常工况负责整个车站排风,火灾工况下通过系统相应管路阀门配合,负责站厅和站台的机械补风、排烟。可逆转射流风机,在区间隧道的出入线、存车线、渡线和折返线内可设置可逆转射流风机,一般置于区间侧面或隧道顶部,在列车阻塞、火灾工况时配合 TVF 风机对区间通风,进行气流组织。根据列车所处位置和火源位置,射流风机配合 TVF 风机与 UPE/OTE 风机按不同模式要求正反转,进行气流组织。

城市轨道交通工程由于内部空间狭小,层高有限,很多风道采用建筑风道,另外在设备用房小系统中排风、回风、排烟等管路存在复用的形式,运行模式的转换通过风阀来进行。

造成城市轨道交通工程中车站内使用了大量的风阀,其主要类型分为:组合风阀、单体风阀(防火阀、排烟防火阀等)两类。电动组合风阀是组织城市轨道交通通风空调系统各种模式运行的主要部件,承担着不同模式下系统风量的分配,通过控制不同位置上风阀的开关状态改变气流路径、实现系统功能(排风、排烟、送风)的切换。通风与空调系统常见设备及安装位置见表 2-2。

表 2-2   通风与空调系统常见设备及安装位置

序号	设备名称	实物图	安装位置
1	组合式空调		空调机房
2	TVF 风机		隧道
3	轴流风机		车站所有使用风机
4	排风机		各设备用房及行车区间
5	风道片式消声器		风亭入口处
6	风阀		车站内风管上

序号	设备名称	实物图	安装位置
7	风管		车站吊顶内
8	风机盘管		车站内风管上
9	冷水机组		空调机房
10	卧式水泵		冷却机房或冷冻机房
11	冷却塔		车站出入口附近

任务二　通风与空调运行模式

地下车站的环控系统,其基本功能就是对车站内的各类环控设备进行监测、联动控制。这时控制模板要根据不同的设备运行模式编制各站风机、风阀的启动、关闭顺序,满足各类运行工况的需要。正常运行时,值班员根据车站内温、湿度和室外温、湿度控制空调通风系统,监控各设备的运行状态,向中央控制室传送本站通风空调设备的控制状况,并执行中央控制室的各项命令。当车站及车站区域发生火灾时,对火灾区域进行排烟控制。

一、车站通风与空调大、小系统运行方式

地下车站公共区通风与空调运行工况为通风运行、空调运行和火灾运行三种模式。

1. 通风运行

对于大系统,当室外空气温度低于或等于空调送风温度时,停止制冷系统,采用机械通风,即室外空气的焓低于站内空气的焓。具体为春秋两季采用全新风模式运行。小系统全年 24 小时运行,具体执行条件根据大系统确定。

2. 空调运行

当室外空气焓值大于空调回风焓值时,使用空调小新风风机、组合式空调机组和回/排风机,新风与回风混合后,通过空气处理单元,再由送风机经消声段分别送至站厅层和站台层。在运行初期和近期,行车对数及客流量比远期小,各系统的设备发热量相应减少,根据车站实际的冷量,冷冻机组自动调节,系统末端的空调机组和回排风机变频调节风量,以达到节能运行的效果。

3. 火灾运行

无论站厅层或站台层发生火灾,车站停止制冷系统,转入火灾排烟运行模式。站厅、站台的排烟系统,一般是正常通风的排风系统兼用,该系统满足正常排风及火灾时排烟的要求。当站厅层发生火灾,站厅排烟系统进行排烟,回/排风机工频运行,排烟风机开启,关闭站厅层送风系统及站台层送、排风系统。站厅层火灾排烟示意图如图 2-11 所示,关停轨行区排热系统并关闭站台排风,开启车站排风系统,向站台层送风,停止向站厅层送风,站厅层进入排烟状态,排除的烟气经风亭至地面,形成车站站厅负压,由出入口补风。

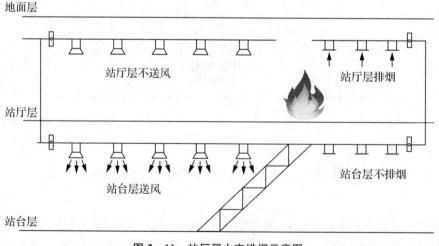

图 2-11 站厅层火灾排烟示意图

站台层公共区发生火灾,关闭站厅层排风管和站厅、站台送风管上的电动风阀。由站台层回/排风机兼做排烟风机,将烟雾经风井排至地面。站台层火灾排烟示意图如图 2-12 所示,向站厅层送风,停止向站台层送风,站台层进入排烟状态,开启车站排风系统、排热风机,

同时开启屏蔽门,对站台层排烟,通过车站出入口进行补风。此时,站台区形成负压,在站台至站厅的楼梯口产生向下气流,便于乘客经站厅层安全疏散至外界。

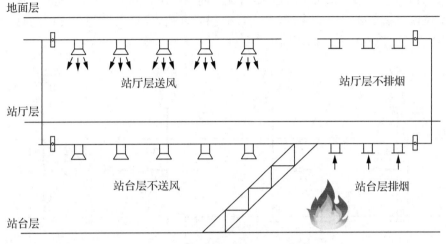

图2-12　站台层火灾排烟示意图

若站台层轨行区发生火灾,开启火灾侧屏蔽门,关停车站送、排风系统,开启站台排热风机(OTE风机)和隧道风机(TVF风机),使轨行区烟气经风亭排至地面,通过车站出入口进风,经站厅进入站台补风,使站厅层楼梯口形成向下的气流,便于乘客经站厅层安全疏散至外界。

当有排烟要求的设备及管理用房发生火灾时,由该区域的排烟风机将烟气经风井排至地面;当有气体灭火要求的设备及管理用房发生火灾时,房间进排风关闭,待灭火后开启排风系统排除废气。

二、区间隧道通风系统运行方式

区间隧道活塞风与机械通风系统(兼排烟系统),简称TVF系统,车站范围内、屏蔽门外站台下排热和轨行区顶部排热系统,简称OTE/UPE系统。区间隧道通风系统的运行模式主要有正常模式、阻塞模式和火灾模式三种。

1. 正常模式

(1) 早间运行。 早间运营前30 min,TVF风机进行纵向推挽式机械通风,相邻车站两端TVF风机一排一送,使隧道内充盈新鲜空气。

(2) 正常运行。 TVF风机停止,打开旁通风阀,利用列车的活塞作用进行通风换气,排除隧道余热余湿。

(3) 夜间运行。 一般情况下不进行夜间通风,以节省运行费用。当隧道温度升高过快时,可启动车站两端的TVF风机,一站送风、一站排风,形成纵向通风方式,利用室外日夜温差进行蓄冷降温,抑制白天站台或区间隧道温度上升。为使各站之间冷却均匀,每隔几天应将送排站对调。

2. 阻塞模式

列车阻塞工况如图 2-13 所示,当列车阻塞在区间隧道时,该区间前方站的 TVF 风机开启排风,后方站的 TVF 风机同时送风,气流方向与列车行车方向一致,同时关闭这两座车站的活塞风道。该段区间内如有射流风机,需同时开启,保证气流组织方向与行车方向一致,将隧道内温度控制在允许的范围内。

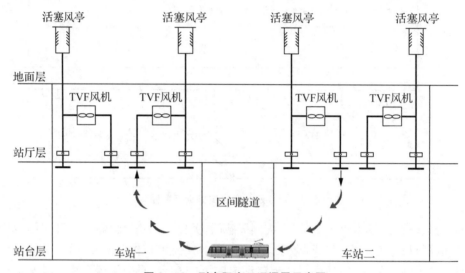

图 2-13 列车阻塞工况通风示意图

3. 火灾模式

列车在区间内运行时,一旦列车着火,只要不完全丧失动力,应尽量使列车开行到前方车站,则火灾时的疏散路径和防排烟运作模式同车站隧道火灾工况模式进行。控制原则:TVF 风机采用"一送两排",且风速大于 2 m/s,根据列车火灾位置,采用"近送远排",关闭火灾段 OTE/UPE 风机,人员迎风疏散,尽量防止烟雾蔓延。

当列车在区间隧道内着火时,根据列车着火点(车头、中部或车尾)、停车位置不同的火灾情况,启动相应的火灾控制模式。

当火灾位于列车车头时,为保证大多数乘客的安全,列车尾节端门打开逃生门,乘客到达轨道平面,向列车尾端侧车站疏散,列车尾端侧车站送风,列车头端侧车站排风,即通风方向与疏散方向始终相逆。设有纵向应急通道的区间,此时应打开列车侧门,使乘客通过端门疏散的同时,也利用应急平台进行疏散,也向列车尾端侧车站疏散。充分利用位于疏散区间段内上、下行区间的联络通道,从火灾区间进入非火灾区间疏散,此时非火灾区间内应停止列车运行,方能作为疏散通道使用。

当火灾位于列车车尾时,与列车头节火灾工况相同,疏散与防排烟运作模式与上述反向运作。

当火灾位于列车中部时,为了避免更多的乘客受烟气影响,火灾通风气流与行车方向一致,疏散路径、通风模式同列车车头火灾模式一样。由于列车中部着火,为了提高列车头、尾节列车上乘客生还机会,充分利用纵向应急通道。乘客迎风向送风一侧的车站撤离。隧道内列车不同部位着火撤离如图 2-14 所示。

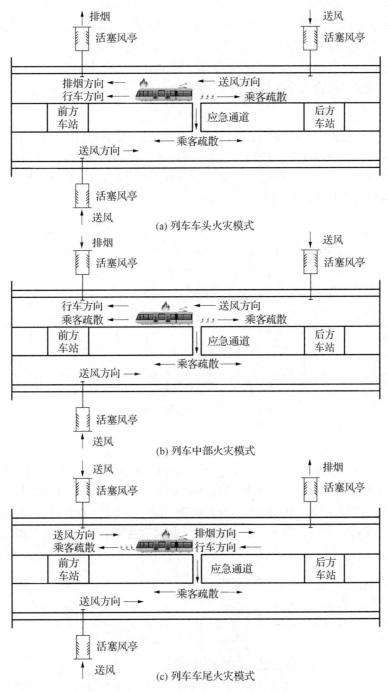

图 2-14 隧道火灾工况排烟示意图

三、车站通风与空调系统的控制

地下车站通风与空调系统基本功能是对车站内的各类环控设备进行监测、联动控制。这时控制模板要根据不同的设备运行模式编制各站风机、风阀的启动、关闭顺序,满足各类运行工况的需要。控制系统分为中央级控制、车站级控制和就地级控制三级。车站级控制主要通过设置在车站控制室的环控工作站或 IBP 盘控制该车站的环控设备和显示主要环控设备的运行状态;就地级控制则是通过设置在车站两端的环控电控室的就地控制板或控制柜对环控设备的就地开、关。在所有控制级别中就地级具有优先权,即就地控制时,车站控制室和中央控制室仅接收其操作信号,对控制失效。

1. 中央级控制

中央级控制通过设置在控制中心(OCC)中央环控室内的环控计算机控制台对全线系统的环控设备进行监控,显示主要环控设备的运行状态,记录设备事故情况,并可以遥测各车站内及区间的各点空气信息。中央级控制系统由打印机、图形显示器、字符显示器以及各车站环控工作站组成。其结构如图 2-15 所示。

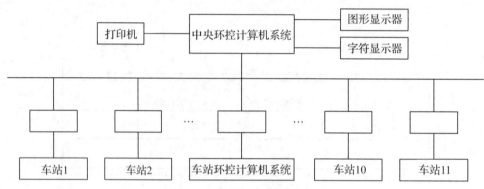

图 2-15 中央控制室结构框图

2. 车站级控制

车站级控制以车站监控工作站为基础,包括车站监控局域网、打印机和后备操作盘等设备,主要功能包括监视车站及所辖区域的通风和空调设备的运行状态。控制装置位于各车站控制室,结构框图如图 2-16 所示,可以向控制中心(OCC)上传本站的设备信息,并执行OCC 下达的各项指令。当车站工作站出现故障时,紧急控制盘(IBP 盘)可以作为本站的消防模式指令。

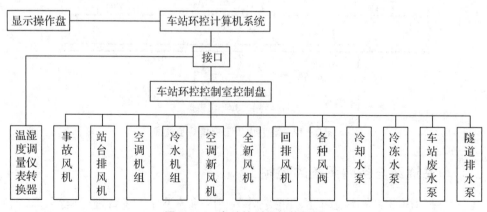

图 2-16 车站控制室结构框图

3. 就地级控制

现场级控制由各类传感器、执行器、远程 I/O 模块、接口模块或装置组成,设在环控电控室或设备旁的就地控制箱,就地控制箱如图 2 - 17 所示,可直接操纵单台环控设备的就地控制。其主要功能包括向车站控制室传送所控制设备的工作状态,执行车站控制室发出的控制指令,在车站控制室发生故障时独立地进行设备监控,在维修及更换设备时进行现场调试等。

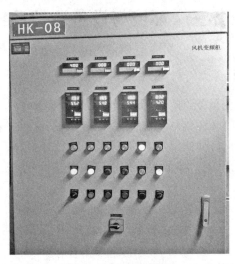

图 2 - 17 就地控制箱

四、车站通风与空调设备的维保

环控设备的维护分为四级:日常检查、定期计划维护保养、故障检修以及设备大修。

1. 日常检查

维护人员对设备进行的经常、不定期的巡查,随时了解掌握设备的运行状况,填写相关的设备运行状态参数,对于发现的问题做好简单处理,不能及时处理好的,做好预先处置措施,并将情况汇报到班组,等待集中安排人员处理。维护部门应根据设备具体特点、工作时间及运行状态,及时调整对设备的巡视内容和巡检次数,以保证准确地掌握环控系统设备的运行工况,确保设备处于良好的工作状态。

2. 定期计划维护保养

根据日常检查的结果,预先对设备制订维护保养计划,然后按照计划定期执行维护保养工作。定期计划维护保养按保养内容和时间间隔分为月度维护保养和年度维护保养两大类。分别由设备主管班组预先安排好维护保养的具体内容,班组的维修小组为执行层。在执行中应严格遵守公司的安全规章制度、劳动纪律和设备的安全操作规程,将设备的维护保养情况记录于巡检记录本上。

3. 故障检修

故障检修(包括应急抢险)是对临时出现的设备故障进行的故障判断、故障排除、设备试用等作业,在执行时间的先后顺序上通常优先于日常检查和定期计划维护保养作业。

4. 设备大修

重要设备设施在经过一定的使用时间后，可以进行计划性的设备大修集中解决年度计划检修遗留的问题。

任务三　环境与设备监控系统

一、BAS 系统概述

城市轨道交通车站环境与设备监控系统(Electrical and Mechanical System/Building Automation System，EMCS/BAS)也称为机电设备监控系统。对地铁建筑物内的环境与空气调节、通风、给排水、照明、乘客导向、自动扶梯及电梯、屏蔽门(安全门)、防淹门等建筑设备和系统进行集中监视、控制和管理的系统。对车站各种机电设备进行全面、有效地自动监控，保证乘客的安全和设备正常运行。

BAS 系统的目的就是对于车站机电设备进行自动化监控及管理。一方面为乘客和运营人员提供舒适的环境，另一方面节约能源，降低运营费用。其结构一般分为中央级、车站级和就地级三个层次。

中央级 BAS 根据城市轨道交通运行环境及车站其他系统的监控要求，确定全线车站及隧道通风与空调系统的运行模式，并把运行模式下载给车站，使车站按照时间表运行。中央级监控工作站具有良好和灵活的人机界面，对全线车站机电设备运行状态监控。工作站具备完善的报警功能可将报警信息进行分类、筛选、重组，建立一个报警系统。同时在 FAS 灾害报警下各系统启动火灾模式，进行联锁联动，组成全系统的安全体系。中央级系统能对历史数据记录进行处理、裁剪、分析和统计，具有统计、文件处理、归档及报表功能。

车站级 BAS 可以监视车站各系统设备的运行状态和参数，可根据环境参数对环控系统设备进行运行工况的转换，并进行最优化的控制，达到节能的目的。监控工作站具有声光报警、报警画面自动弹出、报警确认和处理功能。将车站被控设备运行状态、报警信号及测试点数据及时上传至控制中心，并接受控制中心的监控指令和运行模式。对系统及网络具有在线监视、自诊断、自恢复及在线修改功能，并显示网络负荷情况。同时还具有运行指导功能、开发与培训功能、操作密码保护功能。车站级 BAS 系统的监控范围如图 2-18 所示。

就地级控制器通过车站控制网与车站主控 PLC 通信，接收控制指令并对现场设备进行就地控制，同时将设备运行状态和参数传送到车站主控 PLC 上。

系统网络结构分为控制中心(OCC)局域网、城市轨道交通骨干网和车站监控系统局域网，车站监控和 OCC 之间采用冗余高速以太网，局域网通过骨干网进行数据传输和命令传达。城市轨道交通 BAS 系统由设置在控制中心的中央级监控系统、设置在各个车站车控室的车站级监控系统和就地级监控设备构成。网络构成图如图 2-19 所示。现场控制器 A 和现场控制器 B 为相互冗余切换的设备，A/B 有一端处于在线状态，另一端处于离线状态，冗余配置的 PLC 可共同操纵所连接的所有远程 I/O，同一时刻只能有一台发出指令。故障情况下，会从主 PLC 切换到备用 PLC。

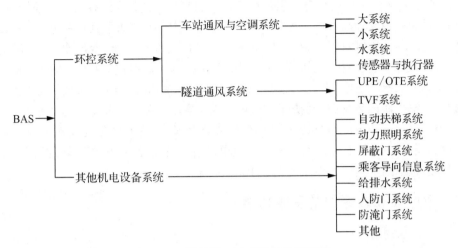

图 2-18 车站级 BAS 系统的监控范围

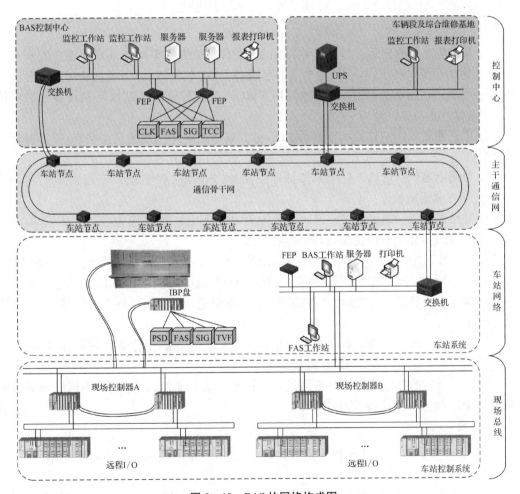

图 2-19 BAS 的网络构成图

BAS 系统是从楼宇自动化专业引申而来,楼宇自动化主要是针对大楼的环控设备进行自动控制,城市轨道交通行业的 BAS 除了对环控设备外,还增加了其他一些设备系统。一个典型车站 BAS 的控制对象包括:环控系统(冷水机组、冷却水泵、冷冻水泵、空调机组、空气处理机、风机盘管、新风机、送风机、回/排风机、TVF 风机、射流风机、UPE/OTE 风机、电动风阀、电动防火阀、二通调节阀、温度传感器、湿度传感器等)、给排水系统(水泵、电动蝶阀)、照明系统、人防门系统、自动扶梯和垂直电梯及屏蔽门系统。综合监控系统(Integrated Supervisory Control System,ISCS)是以 BAS 系统为基础,纳入更多的其他系统,在早期的城市轨道交通车站中只有 BAS 系统对车站机电设备进行监控,而现在新修的线路中一般都会在 BAS 系统基础上集成其他系统构成 ISCS 系统。

二、中央级 BAS 系统的基本功能

1. 数据采集功能

由中央级下达数据调用指令至车站节点地址,与车站节点地址吻合的车站系统予以响应,将本站数据信息选择性上传。可以实现实时上传和定时上传。

2. 显示功能

(1)车站设备综合显示。显示地铁线路概貌图,反映出各车站的地理位置并宏观显示车站和隧道的主要设备工作状态(主要为环控设备)。在概貌图上,用颜色变化及声光区分车站环控设备的运行状态,用颜色交替闪烁方式,声光报警显示车站级环控设备的故障情况,以引起操作人员的注意。

(2)工艺图显示。主要显示环控系统图,可直观地了解环控系统工作状态,并可对环控系统控制。

(3)分画面显示。可动态显示某车站环控设备(分区域、系统显示)、动力照明、自动扶梯等运行状态和故障状态。

(4)趋势图显示。通过趋势图可以观察各车站环境温度、湿度等参数的变化规律,为管理人员提供全线车站的环境指标,以确定调控方案。

(5)控制显示方式。显示中央级和各车站级的控制方式。如果某车站控制方式切换到中央级,该车站将接受中央级的控制指令,否则车站级将自行控制本站环控设备和车站其它设备。

(6)运行模式显示。通过运行模式显示画面,可预选、增加、修改环控运行模式,包括事故运行模式。

(7)设备统计显示。以文本方式实时显示车站机电设备的累计运行时间、故障种类及地点、起止时间及累计时间等相关运行数据。

(8)对于所有的报警信息具有不同类型的报警功能和显示方式,对于不同级别的报警有不同的显示状态,同时有确认的功能。

3. 控制功能

OCC 管理人员对全线设备和环境参数自动监视,制定全线运行模式,调度、组织、协调全线车站设备按制定模式运行。

控制中心能提供远程控制设备的功能,典型控制命令有:开/关,启/停,升/降,合/分等。中央级控制方式一般包括单点控制、模式控制、顺序控制、时间表控制、系统联动控制等。

4.管理功能

主要对车站机电设备(空调、通风、给排水、消防系统、自动扶梯、照明等)实现自动化管理,进行程序自动、实时、定时监视设备运行状态,控制开启和关停,检测环境参数,调控环境舒适度及进行节能管理。

三、车站级 BAS 系统的基本功能

车站级 BAS 系统可以监视车站各系统设备的运行状态和参数,具有 PID 调节控制、逻辑控制和模式控制功能。显示本站的设备状态,并可发出控制指令;接收并储存本站设备信息,环境状态等信息数据;对本站设备、环境状态数据进行分析处理,得到当前的合理运行模式和相关参数,并向本站 PLC 控制器发出模式指令;接受 OCC 控制指令,并指挥 PLC 控制器运行。

对于 BAS 所监控的各个系统设备,站务人员如果需要进行操作,必须先得到环境调度(环调)人员的授权。在对大、小系统,隧道通风系统,空调水系统进行开、关操作时,必须注意相关设备之间的起动顺序和联锁关系:先开风阀(水阀),后开风机(水泵);风阀(水阀)不开,风机(水泵)不开;冷水机组最后开、最先关;就地操作时联锁关系失效。

1.对通风与空调系统监控

车站大、小系统的监控对象包括组合空调机组、回排风机、新风机、送风机、排风机、双速风机、专用排烟风机、70°电动防火阀、电动风量调节阀、环境参数。BAS 工作站监控画面如图 2-20、2-21 所示。

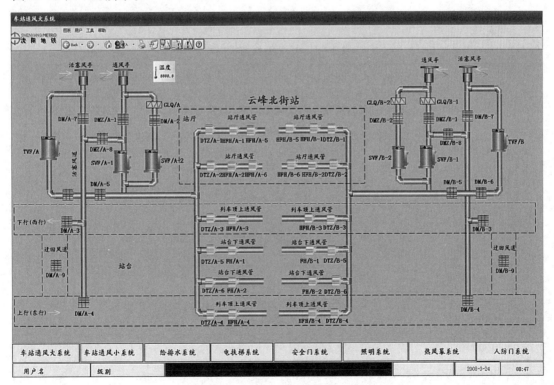

图 2-20 车站大系统监控画面

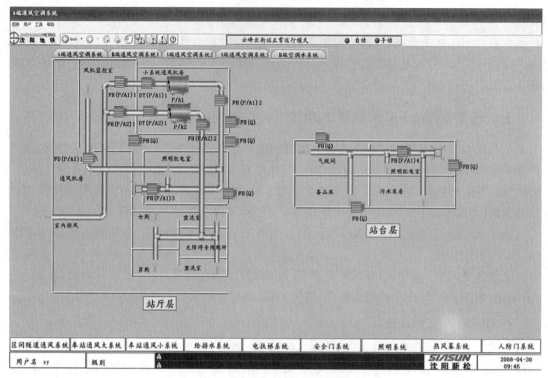

图 2-21 车站小系统监控画面

对大、小系统监控内容见表 2-3。

表 2-3 大、小系统监控内容

1	大系统组合空调机组	启动控制、停止控制、启动状态、停止状态、频率设定、频率反馈、故障报警、电压、电流、过滤器压差报警、静电除尘设备(开/关控制、运行状态、故障报警)、工频启动控制、工频停止控制、工频/变频状态、工频运行、工频故障手动/自动等。
2	回排风机	启动控制、停止控制、启动状态、停止状态、频率设定、频率反馈、故障报警、电压、电流、前轴承温度、后轴承温度、绕组温度、工频启动控制、工频停止控制、工频/变频状态、工频运行、工频故障、手动/自动等。
3	新风机、送风机、排风机	开/关控制、开/关状态、故障报警、手动/自动等。
4	双速风机	开/关控制、开/关状态、低速/高速控制、低速/高速状态、故障报警、手动/自动等。
5	专用排烟风机	开/关状态、故障报警、手动/自动等。
6	小系统组合空调机组	开/关控制、开/关状态、故障报警、手动/自动、过滤器压差报警、静电除尘设备(开/关控制、运行状态、故障报警)等。
7	70°电动防火阀	开/关控制、开/关状态等。
8	电动风量调节阀	开度控制、开度反馈、故障报警、手动/自动等。
9	环境参数包括	温度、湿度、二氧化碳浓度等。

隧道通风系统的监控对象包括隧道事故风机、射流风机、排热风机、电动组合式风阀、电动风量调节阀等。隧道通风系统监控内容见表2-4。

表2-4 隧道通风系统监控内容

1	隧道事故风机	正转控制、反转控制、停止控制、正转状态、反转状态、停止状态、前轴承温度、后轴承温度、绕组温度、故障报警、手动/自动等。
2	射流风机	正转控制、反转控制、停止控制、正转状态、反转状态、停止状态、故障报警、手动/自动等。
3	排热风机	启动控制、停止控制、启动状态、停止状态、频率设定、频率反馈、故障报警、电压、电流、前轴承温度、后轴承温度、绕组温度、电机振动检测、工频启动控制、工频停止控制、工频/变频状态、工频运行、工频故障、手动/自动等。
4	电动组合式风阀	开控制、关控制、开到位反馈、关到位反馈、故障报警、手动自动等。
5	电动风量调节阀	开度控制、开度反馈、故障报警、手动/自动等。

2. 对空调水系统监控

冷水机组的启停控制;运行状态显示;过载报警;就地/遥控指示;冷冻水、冷却水进出口温度、压力检测;运行时间和启停次数记录。BAS工作站监控画面如图2-22所示。

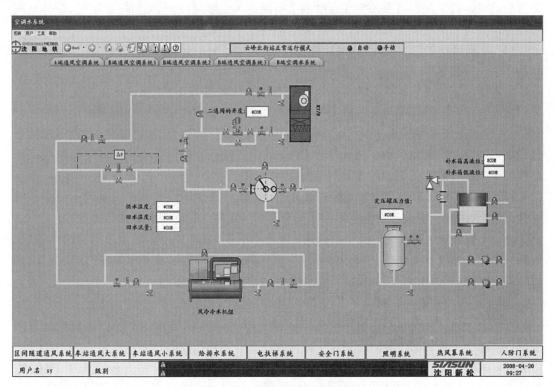

图2-22 空调水系统监控画面

冷冻水泵的启停控制;冷冻水泵、蝶阀状态显示;过载报警;水路电动阀、开、关状态显示;压差控制;就地/遥控指示;分、集水器温度、流量测量。

冷却水泵的启停控制:冷却水泵、冷却塔风机启停控制及状态显示;过载报警;水路电动阀开、关控制及状态显示;冷却水泵、电动蝶阀就地/遥控显示。

四、BAS 系统的控制模式

BAS 系统监控的各子系统按照线路的运行模式一般可分为正常运行模式和灾害运行模式。在正常情况下又可按运行时间分为白天运行和夜间运行模式,按运行季节分为过渡季节运行模式和空调季节运行模式。

1. 车站大、小系统运行模式

正常运行模式下,环境与设备监控系统主要负责对地下线路车站机电设备的自动化监控。

(1) 空调季节小新风工况。当车站内空气焓值小于室外空气焓值时,进入空调季节小新风运行工况,采用小新风空调运行,使用小新风加一次回风运行。

(2) 空调季节全新风工况。当车站内空气焓值大于等于室外空气焓值且室外空气温度大于室内空气温度时,进入空调季节全新风运行工况,采用全新风空调运行,回/排风全部排至车站外。

(3) 非空调季节全通风工况。当室外空气温度小于等于室内空气温度时,进入非空调季节全通风运行工况。当室外空气温度小于空调送风温度时,冷水机组停止运行,室外空气不经冷却处理直接送至空调区域,回/排风全部排至车站外。

(4) 夜间运行工况。夜间收车后停止车站空调大系统的运行,关闭其相应冷冻水管路,车站小系统应视具体工艺要求而定。

灾害情况下的运行模式火灾自动报警子系统在火灾模式下,能够将火灾情况下的模式控制指令直接下发给环境与设备监控子系统。环境与设备监控子系统能够及时响应灾害模式指令,控制现场通风空调、机电设备转入相应的灾害运行模式。紧急情况下,也可直接通过设在车站控制室紧急手动控制盘(IBP 盘)上的模式按钮完成灾害模式下的工况控制,IBP盘作为车站综合监控系统的后备,具有最高操作权限。

(5) 突发客流工况。当因突发性客流、区间阻塞、线路故障及其他原因引起车站乘客过度拥挤时,大系统空调设备根据实际情况按当时季节正常运行的满负荷状态运行。

(6) 火灾事故运行工况。当车站公共区发生火灾时,立即停止车站大系统空调水系统,转换到车站大系统火灾模式。当站台层发生火灾时,站台排烟系统和车站隧道通风系统进行排烟;当站厅层发生火灾时,站厅排烟系统进行排烟,同时站台内送风。

2. 隧道通风系统运行模式

隧道通风系统的正常运行模式是根据地铁运营的时间,由系统预先设定的时间表来控制的运行模式。模式的启停时间主要依据地铁运营开始及停止的时间和日期。

(1) 早间运行。早间运营前,根据系统的时间表功能,区间隧道通风系统进行 0.5 h(可调整)的纵向机械通风。此时车站隧道通风系统关闭,区间隧道设有中间风井时中间风井也关闭。通风完毕后进入正常运行。为使各站之间冷却均匀,每隔一定时段应将区间隧道通风送排站对调。

(2) 夜间运行。夜间收车后,根据系统的时间表功能,区间隧道通风系统进行 0.5 h(可调整)的纵向机械通风,排除隧道中的废气和余热余湿,此时车站隧道通风系统关闭,区间隧道设有中间风井时中间风井也关闭。通风完毕后打开所有风道内风阀,利用自然通风的方式进行通风换气。为使各站之间冷却均匀,每隔一定时段应将区间隧道通风送排站对调。

(3) 正常运行。 列车正常运行时,车站隧道通风系统投入运行而区间隧道通风系统停止运行。利用列车活塞作用,在一般区间隧道内通过车站两端的活塞风井进行通风换气,排除区间隧道的余热余湿;在设有中间风井的区间隧道内开启区间隧道中间风井,通过车站两端的活塞风井和区间隧道中间风井进行通风换气,排除区间隧道的余热余湿。

当列车阻塞在区间隧道中或因火灾原因停留在区间隧道时,处于事故运行工况。

(4) 阻塞运行状态。 当列车因故障或其他原因而停在区间超过 2 min 时,中央级下达运行模式指令到车站级,车站级控制通风系统设备进行隧道通风模式控制,从而控制隧道内的温度,保证列车空调冷凝器在正常的工作范围内。

(5) 火灾事故运行状态。 综合监控系统根据信号系统提供的列车位置信息和司机报告的火灾情况,下达相关指令给相关的车站 BAS,相关车站 BAS 采取相应的运行模式,保证旅客的安全疏散。当着火列车驶入前方车站时,利用前方车站的隧道通风系统进行排烟;当着火列车停在区间隧道时,应按预定的隧道内火灾模式运行。

单元练习

一、单项选择题

1. 通风与空调系统在城市轨道交通机电设备中的耗电量比重很高,高峰一般在( )。
A. 春季　　　　　　　　B. 夏季　　　　　　　　C. 秋季　　　　　　　　D. 冬季

2. 当列车的正面与隧道断面面积之比大于( )时,会产生活塞效应通风。
A. 0.2　　　　　　　　B. 0.4　　　　　　　　C. 1　　　　　　　　D. 2

3. 车站公共区通风与空调系统简称( )。
A. 大系统　　　　　　　　　　　　B. 小系统
C. 水系统　　　　　　　　　　　　D. 排烟系统

4. 当室外空气温度低于隧道内空气温度时,采用( )运行方式,利用活塞风将外界空气带入隧道。
A. 开式系统　　　　　　　　　　　　B. 闭式系统
C. 屏蔽门系统　　　　　　　　　　　　D. 排烟系统

5. 当站厅层发生火灾,站厅排烟系统进行( ),回/排风机工频运行,排烟风机开启,关闭站厅层送风系统及站台层( )、( )系统。
A. 排烟　　　　　　　　B. 通风　　　　　　　　C. 送风　　　　　　　　D. 排风

二、多项选择题

1. 通风与空调系统根据环控系统的结构和特点,一般分为( )。
A. 开式系统　　　　　　　　　　　　B. 闭式系统
C. 屏蔽门系统　　　　　　　　　　　　D. 冷冻水系统

2. 车站通风与空调系统由以下哪些部分组成。（　　　）

A. 公共区通风与空调系统　　　　　　　　B. 设备及管理用房通风与空调系统

C. 车站隧道通风系统　　　　　　　　　　D. 冷冻水系统

3. 区间隧道通风系统的主要运行模式有（　　　）。

A. 正常运行　　　　B. 阻塞运行　　　　C. 事故运行　　　　D. 反向运行

4. 地下车站公共区通风与空调系统运行工况主要有（　　　）。

A. 空调季节　　　　B. 通风季节　　　　C. 排风季节　　　　D. 加湿季节

5. 通风与空调系统有关的接口有（　　　）。

A. 动力照明系统　　　B. 给排水系统　　　C. BAS　　　D. FAS

6. 空调水系统主要设备包括（　　　）。

A. 冷水机组　　　　B. 冷却塔　　　　C. 冷凝器　　　　D. 蒸发器

7. 车站小系统的作用场所（　　　）。

A. 设备房　　　　B. 管理用房　　　　C. 站台　　　　D. 站厅

8. 车站通风与空调系统的控制方式分为（　　　）。

A. 站台级　　　　B. 中央级　　　　C. 就地级　　　　D. 车站级

三、判断题

（　　　）**1.** 当活塞通风不能排除隧道内的余热与余湿时，应设置机械通风系统。

（　　　）**2.** 目前车站多采用通风与空调系统的开式系统，应用较广。

（　　　）**3.** 车站小系统的位置对称分布在站厅两端的环控机房内。

（　　　）**4.** 中央监控系统由设置在控制中心的综合监控系统配置。

（　　　）**5.** 高架车站以自然通风为主，机械通风为辅。

（　　　）**6.** 阻塞运行模式下气流方向应与列车行进方向一致。

（　　　）**7.** 无论是站台层还是站台层发生火灾，车站应停止空调系统，转入火灾模式运行。

（　　　）**8.** 控制室内新风量是空调系统有效节能的主要措施。

四、简答题

1. 简述城市轨道交通通风与空调系统的作用。

2. 通风与空调系统的三级控制的功能有何区别？

3. 简述屏蔽门系统对通风与空调系统的意义。

4. 简述站厅站台发生火灾时通风控制。

5. 简述通风与空调系统不同情况下的运行工况。

项目三

消防系统

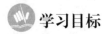 学习目标

1. 掌握火灾自动报警系统的组成及功能。
2. 掌握火灾自动报警系统的运作模式。
3. 掌握车站气体灭火系统的组成及作用。
4. 掌握车站自动喷水灭火系统的组成及作用。

项目导学

在城市轨道交通中可能发生的灾害主要有火灾、水灾、雷击、地震、行车事故等。其中火灾发生的概率最高，且危害严重、难以预测。城市轨道交通地下车站一般位于地下十几米甚至几十米的位置，四周封闭，只有用作换气之用的风井和出入口与地面连通，所以一旦发生火灾，乘客紧急疏散将非常困难，灭火救援任务也非常艰巨，而且车站人流量大、密集度高，极易造成重大人员伤亡和财产损失。

1987 年 11 月 18 日，英国伦敦国王十字车站发生火灾，造成 31 人死亡，100 多人严重烧伤，事故原因为老式木结构扶梯长期运转发热引起火灾；1991 年 8 月 28 日，美国纽约 4 号线运行到曼哈顿联合广场附近脱轨引发火灾，造成至少 6 人死亡，100 多人受伤；1995 年 10 月 28 日，阿塞拜疆巴库的乌尔杜斯车站因列车电路故障发生火灾，造成 558 人死亡，269 人受伤；2003 年 2 月 18 日，韩国大邱市中央路车站发生纵火案，造成 198 人死亡，146 人受伤，298 人失踪。2012 年 11 月 19 日，广州地铁八号线鹭江站与客村站区间隧道因电气故障发生火灾，造成 4 人受伤。依靠严格的日常巡检和充分的应急演练，所幸并未发生严重事故。

由此可见地铁车站消防系统的巡检非常重要，同时地铁公司应对乘客进行消防安全知识的普及，使其懂得火灾的预防、扑救和逃生方法，尤其是对于一些日常的火灾隐患，应能够及时地发现和消除，把火灾的发生遏制在萌芽状态。地铁公司应制定切合实际的火灾事故应急预案，并定期进行演练，提高火灾发生时人员疏散及控制初期火灾的能力，从而最大限度地降低火灾危害。

任务一 火灾自动报警系统

城市轨道交通消防系统主要包括火灾自动报警系统、自动灭火系统、防排烟系统以及移动灭火设备,其中火灾自动报警系统又称为 FAS(Fire Alarm System)系统,包含地铁火灾报警、消防控制等监视火灾灾情及联动控制消防设备,为城市轨道交通防火、救灾工作进行自动化管理的系统。为了尽早探测到火灾的发生并发出警报,在城市轨道交通车站中都设有消防系统。车站消防系统是城市轨道交通建设中非常重要的一部分,主要包括火灾自动报警系统(FAS)和相应的灭火装置,针对不同的防护区采用不同的灭火形式。如对于车控室、机房等重要设备的场所采用气体灭火,对于车站公共区采用消防水系统实施灭火。

一、FAS 系统的概述

FAS 系统一般包括火灾探测器、火灾报警控制器和火灾联动控制装置。火灾探测器分布在站厅、站台、设备用房和办公用房等区域,能监视车站消防设备的运行状态,接收车站火灾探测器、手动报警按钮等现场设备的报警信号并显示报警位置。在火灾初期,温感、烟感火灾探测器能将燃烧产生的烟雾、热量和光辐射变成电信号,传输到火灾报警控制器中,并显示出火灾发生的位置,记录火灾发生时间。火灾自动报警设备和自动喷水灭火系统、室内消火栓系统、防排烟系统、通风系统、空调系统、防火门、防火卷帘、挡烟垂壁等相关设备联动,自动或手动发出指令,启动相应装置,指挥人员疏散、控制火灾蔓延。其中火灾探测器的分类如图 3-1 所示。

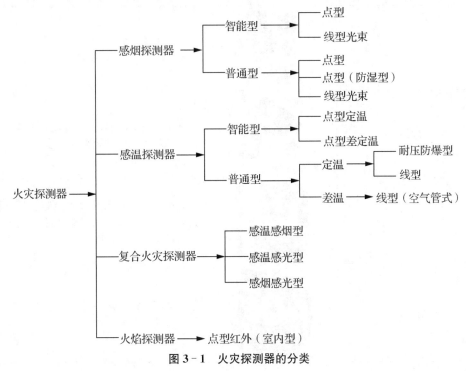

图 3-1 火灾探测器的分类

为确保城市轨道交通消防安全,一旦发生火警,消防系统和设备必须做到可靠运行,万无一失。车站消防系统的主要设备见表 3 - 1。车站消防系统应满足以下基本要求:

(1) FAS 系统应能及时、准确探测并发出火警信号,显示火情发生的时间、地点等。

(2) FAS 系统应能及时联动防排烟系统、自动灭火系统,显示各系统运行状态等。

(3) 机电设备监控系统(EMCS/BAS)、自动灭火系统、防排烟系统在收到 FAS 报警信号后,应能根据联动公式正确执行联动工况,控制和监测相应设备,反馈各个设备的运行状态,并具有自动检测、故障报警、监视和控制、记录等功能。

(4) FAS 系统和 EMCS/BAS 系统应具有中央监控级、车站监控级和现场控制级。

(5) 消防设备应有后备电源,当主电源失电时,及时启动后备电源保障消防系统正常运行。

表 3 - 1　车站消防系统的主要设备

序号	设备名称	实物图	作用
1	温感火灾探测器		监测防护区内温度,当发生火灾时温度上升超过设定值,在规定时间内报警。
2	烟感火灾探测器		通过监测烟雾的浓度来实现火灾防范。
4	声光报警器		火灾时发出声音及闪光报警,提醒人们发生火灾,属于一种警报装置。
5	消防电话		在发生火灾的时候,火灾现场人员可以与车控室的站务人员进行实时沟通。
6	手动火灾报警按钮		当人员发现火灾时在火灾探测器没有探测到火灾的时候人员手动按下手动火灾报警按钮,报告火灾信号。
7	感温电缆		是一种用于检测保护对象的温度的电缆,用于探测高压电缆温度。

(续表)

序号	设备名称	实物图	作用
8	火灾显示盘		当火灾自动报警系统接收到火警信号,报警信号传输到失火区域的火灾显示盘上,显示盘会显示报警的探测器编号及相关信息并发出报警声响。
9	火灾报警控制器		用来接收火灾信号并启动火灾报警装置。也可用来指示着火部位和记录有关信息;能通过自动消防灭火控制装置启动自动灭火设备和消防联动控制设备;自动的监视系统的正确运行和对特定故障给出声、光报警。
10	FAS主机		可与火灾显示盘、设备操作盘、灭火控制盘等现场设备进行通讯组网。记录控制器运行中的各种事件,可随时查阅。可以以现场编辑联动公式。
11	警铃		发出区别于环境声、光的火灾警报装置。
12	释放指示灯		当防护区内进行气体灭火操作时,提醒人们不要进入。
13	防火阀		安装在风管上,用于阻止火灾蔓延,控制管道内烟气流动。
14	防火卷帘门		具有防火、隔烟、抑制火灾蔓延、保护人员疏散的特殊功能。

二、FAS 系统的组成

FAS 主要由探测器、火灾报警装置、火灾报警输出控制装置及信号线组成,探测器用来探测包括城市轨道交通车站、区间隧道、车辆段等与城市轨道交通运行有关的建筑和设施的火灾信息,并发出火灾报警,启动有关防火、灭火装置、联动设备等,目的是保障城市轨道交通正常有序地运营,避免或降低灾害情况下造成人员和财产的损失。在设计时本着"预防为主,防消结合"的原则,以达到报警早、损失小、保护人身和财产安全的目的,系统应具有可靠性、实用性、先进性、经济性,并符合国家现行标准和规定。

城市轨道交通 FAS 系统一般为两级管理、三级控制。两级管理为在城市轨道交通中央控制中心(OCC)设置消防指挥中心,在各车站、车辆段、主变电所等处设置防灾控制室作为车站消防控制中心。三级控制系统,第一级为中央级,是整个 FAS 的集中监控中心,设置于全线控制中心大楼内;第二级为车站级,是 FAS 的基本结构单元,设置于各车站的综合控制室以及车辆段等的消防值班室;第三级为现场就地控制级。

1. 主控制级

中央级 FAS 设于控制中心的中央控制室内,实现对全线防灾系统的集中监控和管理,主要由火灾报警控制器、操作工作站及网络设备等组成。将全线各个消防报警主机通过光纤,连成环网,当网络传输线路上的某一点出现断开或其他故障无法通信时,系统自动环型网降级到总线网运行。这时,中央仍可以监视所有的站点,当网络传输线路上出现 2 个或多个点断开时,系统网络会重新组合成 2 个或多个各自独立的小网,此时中央级图形监视计算机 GCC 仅可以监视与其相连小网上的站点。消防报警环形网络如图 3-2 所示。

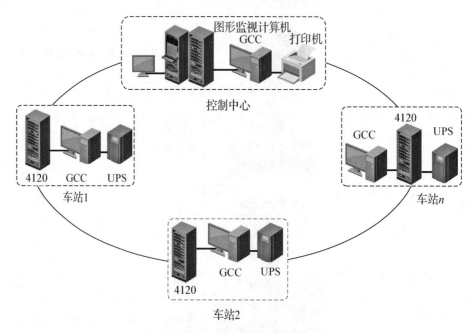

图 3-2 消防报警环形网络

目前城市轨道交通车站所采用的多为美国 Simplex 公司的 4120 网络系统,该系统将完成对所保护地区的实时火灾监测、报警和消防联动控制。Simplex 4120 网络系统技术先进，系统非常可靠，末端设备定时向系统发出模拟报警信号，以检测系统外围设备工作情况，通过网络系统向监控中心显示工作情况。

2. 分控制级

车站级 FAS 与中央级 FAS 联网工作，对全线范围内进行消防监控管理。车站分控制级负责管理车站及相邻区间隧道一半范围内的消防工作，其功能主要有监视、报警、控制以及与其他系统的联动等。

车站级设备主要由控制盘、车站 GCC 及各种外围设备组成，实现火灾监视和消防联动功能。车站级 FAS 结构如图 3-3 所示，其中外围设备包括：火灾监测设备、状态监视设备、控制设备、消防通话和消防广播设备、接口设备等。车站 GCC 设备由通用型工业控制机作为主机，与防灾报警分机采用 RS232 连接，在车控室设置消防控制柜，用于消火栓泵、消防泵、组合式空调箱、TVF、回排风机及 UPE/OTE 风机等火灾工况下运行设备的直接手动控制，联动柜采用硬线方式直接连接所控设备的控制回路。每个车站设置一套独立的消防电话网络，隧道内的电话插孔及相邻的主变电所纳入车站消防电话网络中，车站级 FAS 直接控制防火卷帘门、消防泵、喷淋泵、防火阀等设备。

火灾报警分机通过总线与现场设备连接组成火灾报警子系统，同时各火灾报警分机作为 FAS 网络的一个节点，与其他站点及防灾指挥中心进行通信，火灾报警子系统通过 RS232/RS485 接口与本站内的 BAS 进行信息交换，当火灾信息确认后，FAS 向 BAS 发出火灾报警信息，BAS 控制相关消防设备联动运行。

火灾自动报警系统的组成及工作原理：火灾自动报警系统主要是由触发器件（火灾探测器）、火灾报警装置以及具有其他辅助功能的装置组成，它能在火灾初期将燃烧产生的烟雾、热量和光辐射等物理量，通过火灾探测器变成电信号，传输到火灾报警控制器并同时显示出火灾发生的部位、时间等，发出声、光警报信号，启动消防联动设备。扑灭初期火灾，最大限度地减少因火灾造成的生命和财产的损失。

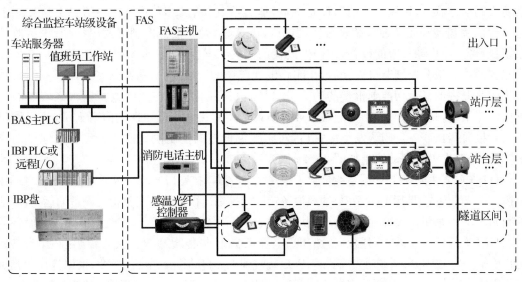

图 3-3 车站级 FAS 结构图

3. 就地级

就地级包括各类探测器件,如感烟探测器、感温探测器、就地监视控制模块等,负责感知现场信息并传达到车站分控制器及接收车站控制命令控制现场设备。

三、FAS 的运作模式

根据 FAS 系统的功能和职责,其运作模式分为:正常情况下对系统设备的监视管理模式、发生火灾时的报警确认模式及火灾被确认后的消防联动模式。

1. 监视管理模式

在正常情况下,火灾报警控制器及车站级现场设备等均处于监视状态,GCC 显示车站各防火分区、防烟分区的探测器及车站、区间现场设备状态,并将状态改变情况实时上报控制中心。

2. 报警确认模式

在任何一个报警区域,如有一个智能火灾报警探测器报警,同时有一个手动报警按钮报警,或者两个及以上的智能火灾探测器同时报警后,则火灾报警系统自动确认报警。火灾确认后,火灾报警控制器发出指令、控制相关消防设备并发送指令至设备监控系统,设备监控系统接受并执行指令,按照预先设置的程序使相应的设备投入火灾工况模式运行,指令执行完成后给火灾自动报警系统一个反馈信号,并传送至控制中心。

如果报警区域为电视监控系统可监控的区域,可由车站控制室的值班人员将电视监控系统切换到报警区确认,如电视监控系统监视不到报警区域,则值班人员应采用通信工具通知现场值班人员到报警现场确认。经人工确认火灾后,人工启动火灾报警系统进行消防联动,并发出指令至设备监控系统,设备监控系统接受并执行指令,按照预先设置的程序使相应的设备投入火灾工况模式运行,指令执行完成后给火灾报警系统一个反馈信号,并传达至控制中心。

3. 消防联动模式

消防联动模式是以 FAS 系统为基础,实现火灾探测、火灾报警功能,监视火灾排烟、防烟防火阀动作状态,控制相关消防设备的联动,接收其状态反馈信号,并将信息上送控制中心。FAS 系统与设备监控系统设有通信接口,火灾时,火灾报警控制器发出指令,设备监控系统执行指令、启动相应的设备,按预先设置的火灾工况模式运行,FAS 系统指令具有最高优先权。火灾报警控制器报火警后,在闭路电视监视的区域内,车站控制室的站长或值班站长将闭路电视的显示切换到报警的防火分区进行报警确认;不在闭路电视监视区域内的火灾探测器报警,则由车站控制室的站长或值班站长用对讲电话通知现场值班人员,到报警现场进行报警确认。一旦确认发生火灾后,对防救灾设施的控制模式根据火灾发生地点采取不同的措施,火灾时联动控制如图 3-4 所示。

(1) 车站发生火灾:BAS 系统响应火灾报警系统的联动控制信号,转入火灾运行模式,自动强制执行相应的模式控制程序,将车站通风设备转换到排烟运行方式并调整相关设备的运行,联动控制如图 3-5 所示。火灾时 BAS 优先执行火灾报警系统的控制指令,按预定模式控制设备运行。车站级 PLC 系统同时采用双向通信接口连接 FAS 控制器,实现火灾状态下各种机电设备的运行协调。当火灾报警系统触发模式时,PLC 接收到火灾自动报警系统的指令,根据指令内容执行相应的控制模式,控制有关设备的运行,PLC 将相关设备运行状态信息反馈给火灾报警系统。

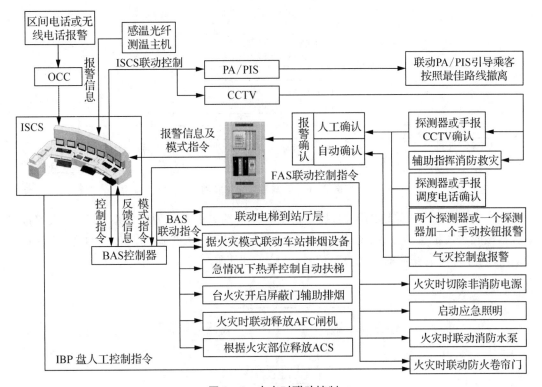

图 3-4 火灾时联动控制

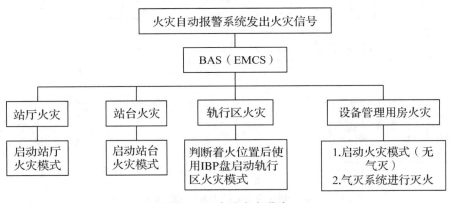

图 3-5 车站火灾联动

(2) 区间隧道发生火灾: BAS 系统根据信号系统提供的列车位置信息和司机报告的火灾情况,控制中心启动 IBP 盘相应区间火灾模式,联动控制如图 3-6 所示。火灾模式通过中央控制中心下达相关指令给相邻两车站 PLC 控制器执行火灾模式,保证旅客的安全疏散。当着火列车驶入前方车站时,利用前方车站的隧道通风系统进行排烟;当着火列车停在区间隧道时,应按预定的隧道内火灾模式运行。车头、车尾火灾,运行的火灾模式均要确保对疏散方向迎面送风。车中发生火灾时,环调应该根据现场火灾情况,选择有利于大部分人逃生的方向进行疏散,对疏散方向迎面送风。

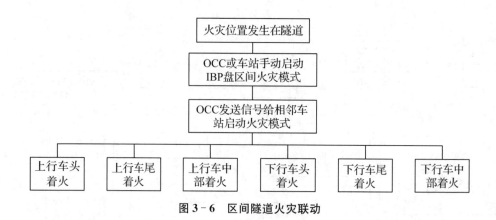

图 3-6　区间隧道火灾联动

（3）气体自动灭火系统的监视、控制模式气体自动灭火系统为独立系统，车站火灾报警系统只接收火灾报警信号、系统故障信号、自动/手动状态信号、阀门动作信号等。在报警、喷射阶段，车库应有相应的声光报警信号，并能手动切除。

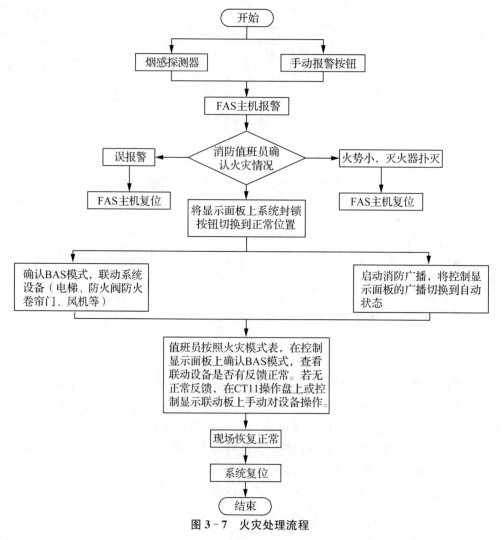

图 3-7　火灾处理流程

　　FAS 主机操作盘是火灾报警控制器的操作显示面板,以西门子 CT11 系统主机操作盘为例。如图 3-8 所示。主机操作盘有三种操作级别:普通级、值班级、管理级。普通级面向没有操作密码的人员,可以操作确认/消音键以及功能滚动条;值班级面向值班人员,需要密码;管理级面向管理人员,需要密码,输入密码即可获得操作权。在显示窗中,有四类信息,分别是"信息""隔离""报警""故障"。"报警"为第一优先级,"故障"为第二优先级,"隔离"为第三优先级、"信息"为第四优先级。"系统运行"指示灯亮,没有"隔离""报警""故障"灯光表示;"信息"指示灯亮表明系统在正常运行。主机操作盘采用交互式操作,在正常模式下,显示面板会显示报警信息以及操作提示,相关人员根据操作手册即可完成报警确认、报警处理、设备检测、故障隔离等功能。

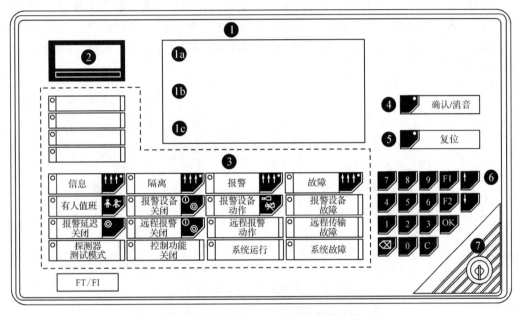

图 3-8　西门子 CT11 系统主机操作盘

任务二　自动灭火系统

　　自动灭火系统是城市轨道交通中非常重要的一部分,具有高效、快速、对被保护对象无任何影响等优点。不仅可以保护重要的设备,而且可以保障城市轨道交通运营要求,如发现火灾、尽快扑灭、恢复运营等。

　　在火灾发生的初期,建筑物的温度随之不断上升或烟雾浓度上升到一定的程度,迫使各种探测器发生变化进而使灭火系统自动运作,开始灭火。当温度等值回复常态之后,系统便自动停止。

　　根据不同的应用场合和保护要求,自动灭火系统主要分为自动喷水灭火系统和气体灭火系统。

一、自动喷水灭火系统

自动喷水灭火系统是一种能自动启动喷水灭火,并能同时发出火警信号的灭火系统。自动喷水灭火系统是公认的最为有效的自救灭火设施,其最大的优点是工作性能稳定、适应广、安全可靠、灭火效率高、维护简便、价格低廉等,可用于车站中允许用水灭火的场所,如站厅、站台、车站办公区管理用房等。

自动喷水灭火系统由洒水喷头(开式/闭式)、水流报警装置(水流指示器或压力开关)、报警阀组等组件以及管道、供水设施组成。自动喷水灭火系统分类如图3-9所示,根据洒水喷头的形式,分为闭式系统和开式系统。其中闭式系统主要分为湿式自动喷水灭火系统、干式自动喷水灭火系统、预作用自动喷水灭火系统和自动喷水与泡沫联用系统;开式系统主要分为雨淋系统和水幕系统。自动喷水灭火系统选型应根据设置场所的建筑特征、环境条件和火灾特点等选择相应的开式或闭式系统。其中应用较多的是湿式系统,露天场所不宜采用闭式系统。

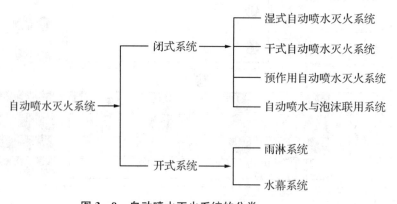

图3-9　自动喷水灭火系统的分类

表3-2　自动喷水灭火系统常用类型及适用条件

系统功能	系统类型	报警阀类型	喷头类型	适用条件
控灭火	湿式系统	湿式报警阀	闭式	环境温度不低于4℃且不高于70℃场所
	干式系统	干式报警阀	闭式	环境温度低于4℃或高于70℃场所
	预作用系统	预作用报警阀	闭式	准工作状态时严禁误喷;用于替代干式系统场所
	自动喷水泡沫系统	湿式报警阀	闭式	由湿式系统改造而成,用于易燃固体、液体灭火
	雨淋系统	雨淋阀	开式	闭式系统不能有效覆盖;火灾危险级Ⅱ级以上的场所
防火隔离	水幕系统	雨淋阀	开式	用于挡烟阻火或冷却分隔物,阻止火势蔓延

1. 湿式自动喷水灭火系统

湿式自动喷水灭火系统是由闭式喷头、湿式报警阀组、水流指示器或压力开关、末端试水装置、供水与配水管道以及供水设施组成,系统管道内始终充满水并保持一定压力,主要部件见表3-3。

表3-3 湿式自动喷水灭火系统主要部件

序号	设备名称	实物图	作用
1	水流指示器		当喷头开启后,管道中有水流过,水流指示器中桨片随水流动,向消防控制室发出报警信号,及时报告火灾位置。
2	喷头		当发生火灾时,装有热敏液体的玻璃球到达动作温度,受热爆裂,密封垫脱开,喷出压力水。
4	压力开关		通常安装于系统供水管道,控制稳压泵的启停以保证供水压力满足系统设计要求或启动消防水泵加压。
5	末端试水装置		对系统进行定期检查,包括压力开关、湿式报警阀管网系统,以确定系统是否正常。末端试水装置由试水阀、压力表以及试水接头组成。
6	湿式报警阀		湿式报警阀是一种只允许水单向流入喷水系统并在规定流量下报警的一种单向阀。湿式报警阀平时阀瓣前后水压相等。
7	水力警铃		水力警铃是由水流驱动发出声响的报警装置,通常作为自动喷水灭火系统的报警阀配套装置。

（续表）

序号	设备名称	实物图	作用
8	延迟器		延时器是防止湿式报警阀因水压波动开启后水进入压力开关而导致水泵误动作，主要起着防误报警的作用。

　　湿式喷水灭火系统在准工作（警戒）状态下，供水和配水管道内充满用于启动系统的有压水，由消防水池或稳压泵等稳压设施维持管道内充水的压力。如图3-10所示。

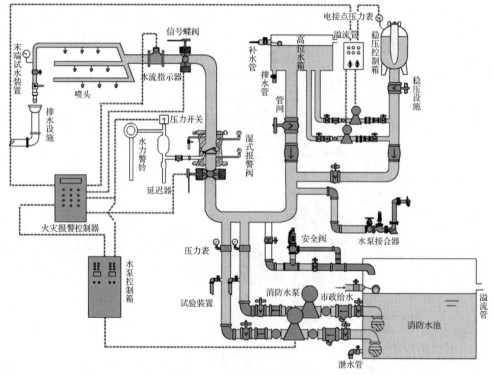

图3-10　湿式喷水灭火系统

　　湿式自动喷水灭火系统工作原理如图3-11所示，当发生火灾时，在火灾温度的作用下，闭式喷头的热敏元件动作，喷头开启后开始喷水。此时，管网中的水由静止变为流动，水流指示器动作发出报警电信号，在报警控制器上指示某一区域已在喷水。由于开启持续喷水泄压造成湿式报警阀的上部水压低于下部水压，在压力差的作用下，原来处于关闭状态的湿式报警阀自动开启。此时压力水通过湿式报警阀流向管网，同时打开通向水力警铃的报警通道，延迟器充满水后，使水力警铃发出声响警报、压力开关动作输出启动供水泵的信号。供水泵投入运行后，完成系统的启动过程。闭式喷头开启至供水泵投入运行前，由消防水池或稳压泵等供水设施为开启的喷头供水。

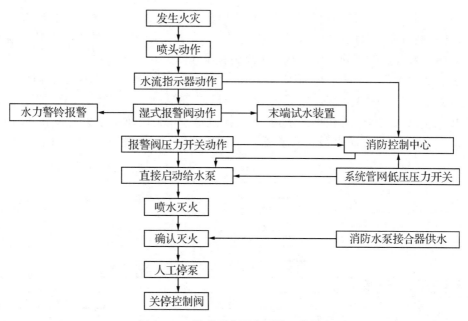

图 3‑11　湿式喷水灭火系统工作原理

2. 干式自动喷水灭火系统

干式自动喷水灭火系统由闭式喷头、干式报警阀组、水流指示器或压力开关、供水与配水管道、充气设备以及供水设施等组成。干式系统与湿式系统区别在于,干式系统采用干式报警阀组,设置充气和气压维持设备,保持配水管道内有一定的气压。除干式报警阀组、充气设备、排气阀外,其余部件与湿式系统部件相同。如图 3‑12 所示。

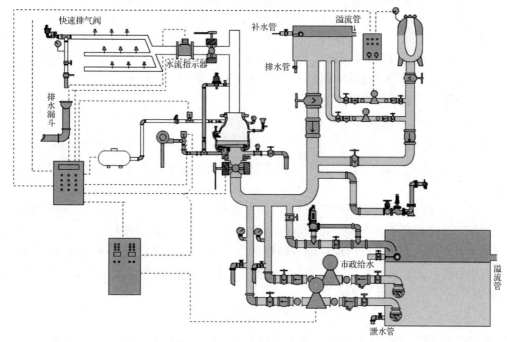

图 3‑12　干式喷水灭火系统

在准工作状态下,报警阀以后的配水管道内充有一定压力的气体,当出现少量的泄露时,气压维持装置通过节流孔补压,维持管网压力。干式系统的启动原理与湿式系统相似,只是将传输喷头开放信号的介质由有压水改为有压气体。

干式自动喷水灭火系统工作原理如图 3-13 所示,当发生火灾时,喷头开启,节流孔的补气速度远小于喷头喷放速度,系统侧管网气压迅速降低,达到一定值时,干式报警阀开启,水流从中间室进入配水管道和报警水道,水流流过报警水道时驱动水力警铃和压力开关动作,压力开关连锁启动消防水泵和电动阀,排气阀快速排气,加速配水管道充水。

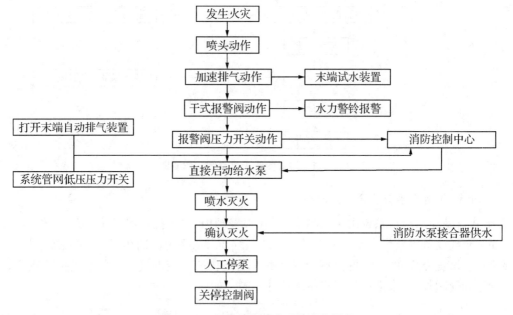

图 3-13　干式喷水灭火系统工作原理

干式系统启动后,配水管道有一个排气充水的过程,因而会因充水时间产生滞后,削弱了灭火能力,这是干式系统的固有缺陷,干式系统适用于环境温度低于 4℃ 或高于 70℃,为防止低温冰冻或高温汽化的场所。

3. 预作用自动喷水灭火系统

预作用自动喷水灭火系统由闭式喷头、预作用报警阀组、水流报警装置、供水与配水管道、充气设备和供水设施等组成,其中预作用报警阀组由雨淋阀和湿式报警阀串接而成,如图 3-14 所示。

在准工作状态时配水管道内不充水,由火灾报警系统自动开启雨淋阀组,转换为湿式系统。预作用系统与湿式系统和干式系统不同之处在于,系统使用预作用阀组,并配套设置火灾自动报警系统。在不允许出现误喷或管道漏水的重要场所可替代湿式系统;在低温或高温场所中可替代干式系统避免喷头开启延迟喷水。预作用自动喷水灭火系统工作原理如图 3-15 所示。

4. 自动喷水泡沫联用系统

自动喷水泡沫联用系统,是既可喷水又可喷泡沫的自动喷水灭火系统,需配置供给泡沫

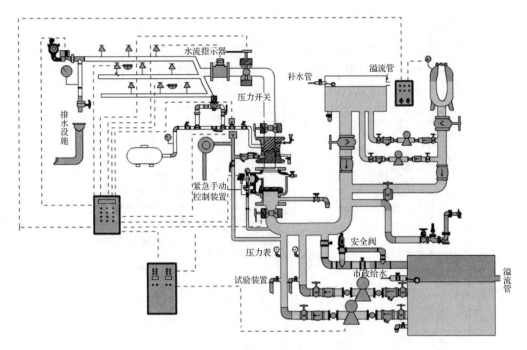

图 3-14 预作用喷水灭火系统

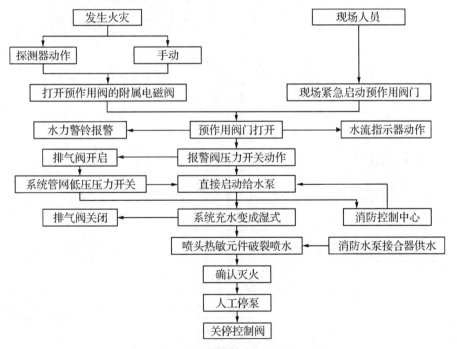

图 3-15 预作用喷水灭火系统工作原理

混合液的设备。雨淋系统前期喷水控火,后期喷泡沫强化灭火效能;或前期喷泡沫灭火,后期喷水冷却防止复燃。使用水和泡沫结合,灭火时可起到优势互补的作用,主要应用于存在较多易燃液体的场所。

5. 雨淋系统

雨淋系统由开式喷头、雨淋阀组、水流报警装置、供水与配水管道以及供水设施等组成，如图 3-16 所示。雨淋系统采用开式喷头，由雨淋阀控制喷水范围，由配套的火灾自动报警系统或传动管系统启动雨淋阀，常用控制方式有电动、液动和气动。

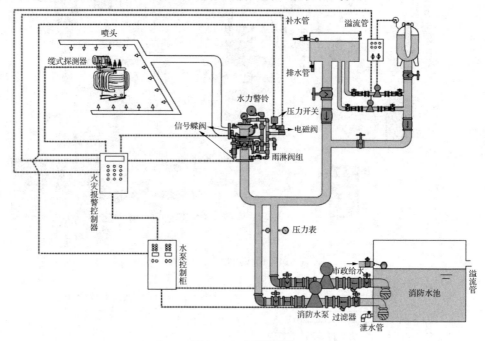

图 3-16 雨淋系统

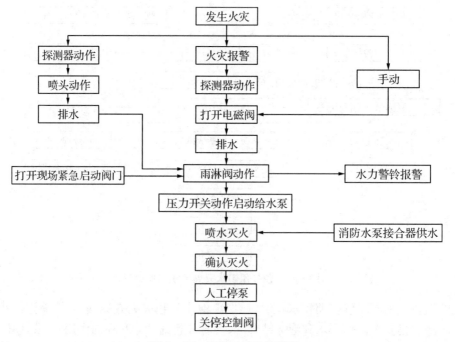

图 3-17 雨淋系统工作原理

雨淋系统工作原理如图 3-17 所示,相对于湿式系统和干式系统,最大的区别是采用开式喷头和雨淋报警阀,报警阀后的配水管道为空管,系统一旦动作后,雨淋阀后的所有喷头全部喷水。主要应用于火灾蔓延速度快,净空高度超过闭式喷头要求以及严重危险级Ⅱ级以上的场所。

6.水幕系统

水幕系统由开式喷头或水幕喷头、雨淋报警阀等组成,用于防止分隔或防护冷却的开式系统。水幕系统的工作原理与雨淋系统类似,主要区别在于水幕系统喷出的水为水帘状,而雨淋系统喷出的水为开花状。水幕喷头将水洒成水帘状,与其他自动喷水灭火系统相比,水幕系统并不具备直接灭火的能力,主要用于挡烟阻火或冷却分隔物,阻止火势蔓延,阻隔火灾产生的辐射热,对泄露的易燃、易爆、有害气体和液体稀释。

二、气体灭火系统

城市轨道交通地下车站除自动喷水灭火系统外,还设置有气体灭火系统,主要应用于不适于设置水灭火系统的场所,如车站控制室、变电所高低压设备房、通信设备室、信号设备室、综合监控设备室、环控电控室等重要的设备房。

气体灭火系统是指灭火剂以液体、液化气体或气体状态存贮于压力容器内,灭火时以气体(包括蒸汽、气雾)状态喷射作为灭火介质的灭火系统。并能在防护区空间内形成各方向均一的气体浓度,而且至少能保持该灭火浓度达到规定的浸渍时间,实现扑灭该防护区的空间、立体火灾的作用。灭火介质主要有七氟丙烷、二氧化碳、IG-541、气溶胶等。目前在国内地铁应用最为广泛的为 IG-541 混合气体,由 52% 氮气、40% 氩气和 8% 二氧化碳混合而成。

自动气体灭火系统是一种能实现火警信号采集、信息报告、系统信息处理、声光报警控制、相关环控设备联动控制和气体释放全过程自动控制的一种设备。主要设计原则为:

(1)对不宜用水扑救的重要电气设备房间采用气体灭火系统进行保护。

(2)灭火剂应对人员无毒害、环境无污染、设备无腐蚀、无导电性。

(3)防护区设置气体灭火控制盘、烟感探测器和温感探测器。

(4)气体灭火系统具备自动控制、手动控制及机械应急操作等方式,且在车控室设置紧急停止按钮。

(5)车站内的气体灭火系统只负责本站内的防护区,不与其他车站交叉使用。

1.气体灭火系统的组成部分

城市轨道交通气体灭火系统由电气控制及钢瓶管路两大部分组成。

气体灭火系统钢瓶管路部分主要由储气钢瓶、瓶头阀、瓶头阀电启动器、高压软管、高压集流管、逆止阀、减压装置、区域选择阀、压力开关、区域选择阀电启动器、手拉启动器、低压输气管路、导流罩、喷嘴等组成。

气体灭火系统电气控制部分主要由气体灭火控制盘、感烟探测器、感温探测器、就地控制盘、手/自动转换开关、紧急启/停按钮、声光报警装置、警铃、放气勿入指示灯等设备组成。

气体灭火系统组成如图 3-18 所示。灭火剂储存装置放置在靠近防护区的专用储瓶间内,既要储存足够高数量的灭火剂,又要保证在着火时能及时开启,释放出灭火剂进行灭火;

启动分配装置是用来打开灭火剂储存容器上的容器阀及相应的选择阀,使灭火剂释放到着火防护区进行灭火;输送释放装置包括管道和喷嘴,起输送灭火剂和保证灭火剂以特定形式喷出,促使灭火剂迅速汽化,保护空间达到灭火浓度的作用。监控装置主要监测系统是否正常工作。

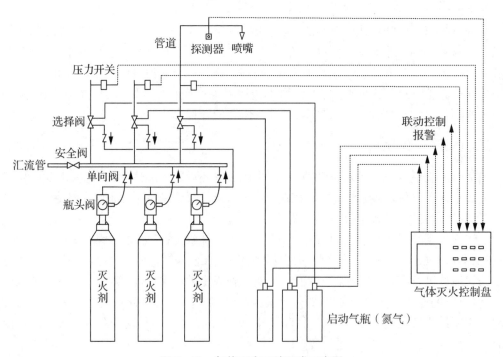

图 3-18　气体灭火系统组成示意图

表 3-4　气体灭火系统主要部件

序号	设备名称	实物图	作用
1	储气钢瓶		分启动气瓶和灭火剂气瓶。启动气瓶用以打开灭火剂气瓶选择阀,灭火剂气瓶用以储存灭火剂。
2	瓶头阀电启动器		由手柄、保险夹、电气引出线、保险销、顶刀组成,其中保险销起着重要的防误操作功能,保障气体灭火系统不因人为因素误启动设备,具有电动和手动机械操作功能。

序号	设备名称	实物图	作用
3	区域选择阀		每个防护区对应不同的选择阀,系统启动时能将灭火剂输送到该防护区。
4	逆止阀		用来控制介质流向,防止灭火剂回流到空瓶或从卸下的储瓶接口处泄漏。
5	喷嘴		保证灭火剂以特定的射流形式喷出,促使灭火剂迅速气化,并在饱和空间达到灭火浓度。
6	气体灭火控制盘		接收 FAS 主机的火灾信息,控制气体灭火设备的启动喷洒,火灾时联动启动输出模块实现关闭门窗、防火阀、空调等,启动现场声光报警。

2. 气体灭火系统的工作原理

城市轨道交通地下车站以及控制中心的主要设备机房设有气体灭火系统保护,气体灭火系统主要包括探测设备、报警设备、灭火装置和气体灭火控制盘等,各个防护区相对独立,如图 3-19 所示。每个防护区域内的探测器都被分成两个独立的报警回路,气体灭火防护区内探测器纳入 FAS 系统监控。气体灭火控制盘将系统的故障信号、防护区的预警信号、火警信号、系统状态信号、气体释放信号发送给 FAS 主机,在防护区内发生火灾时,可以通过 FAS 主机实现联动设备动作,如图 3-20 所示,并通过 FAS 主机与控制中心火灾报警系统联网。

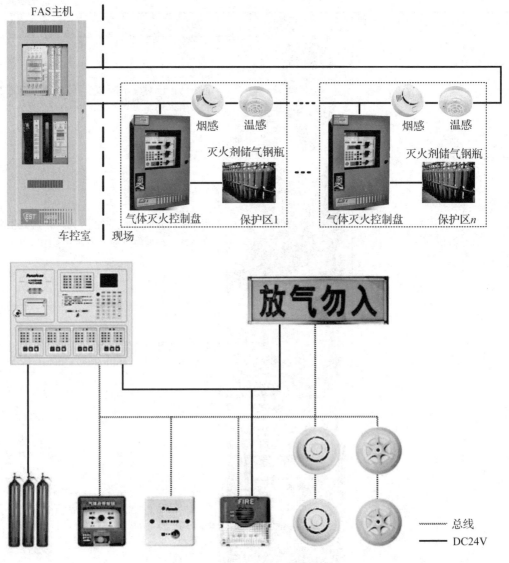

图3-19 各防护区气体灭火系统

每个气体灭火保护区均设置一个气体灭火控制盘,可以实现手动报警,隔离气体灭火系统,在气体灭火主机处于手动控制方式状态时,按压控制盘相应控制按钮可以起动气体灭火系统。按下手动释放按钮,在气体灭火主机和 FAS 主机上同时报火警。功能隔离旋钮一般处于正常位置,当处在隔离位置时,气体灭火系统只是报警,不联动放气。如果在气体灭火系统起动延时时间内发现为误报警(人为或施工原因造成),则将隔离旋钮切换到隔离位置,在气体灭火主机上复位后再将隔离开关切换到自动状态。如果在延时时间内发现有人员未撤离保护区,则将隔离旋钮切换到隔离位置,待人员撤离后将保护区门关好,将隔离开关切换到自动状态。

当气体灭火防护区发生火情后,一般情况下感烟探测器首先报警,火势扩大后感温探测器发出报警。探测器将燃烧产生的烟气、温度、火焰等转换成电信号输入到火灾报警控制

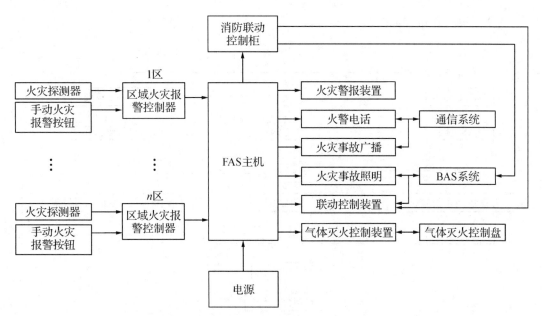

图 3－20　气体灭火系统与 FAS 系统联动

器,经控制器确认后,启动火灾报警装置。车控室消防联动柜、GCC 工作站及 OCC 控制中心都会收到相应的火警报警。

气体灭火系统一般有自动、手动和应急机械手动操作三种方式。

(1) 自动控制方式。FAS 系统自动探测火灾,并由消防控制中心自动启动灭火系统的启动方式,不要人员介入的操作与控制方式。当 FAS 系统接收到两级报警(同时受到烟感和温感报警),延时不大于 30 秒(可调),以防误报,同时关闭空调通风等相关设备启动室外声光报警器。当系统延时结束后,气体灭火控制盘开启启动瓶组电磁驱动器和瓶头阀电启动器,将灭火剂输送到防护区进行喷洒灭火,同时压力信号器给出反馈信号,灭火控制盘启动室外放气指示灯,警告所有人员不得进入。灭火剂喷放后,防护区内压力升高,达到一定值时,泄压装置自动开启。

(2) 手动控制方式。当系统处于手动状态或自动控制灭火没有起作用的情况下时,值班人员可直接按下防护区门口的"手动释放"按钮,直接启动灭火系统,并进入手动释放延时状态,并传报警信号给火灾报警控制主机。系统延时 30 秒以后,会释放灭火气体。此时房间外警铃声响,声光报警器动作,气体释放指示灯常亮,房间内防火风口关闭。如果在延时 30 秒内发现是误报火情,可立即按下"紧急停止按钮"系统会停止释放气体。火灾报警主机通过输入模块接收防火阀关闭信号和非消防电源切断信号。延时期间防护区域内的工作人员及时疏散到安全区域。

(3) 应急机械操作方式。在发现火灾后,系统自动、手动两种起动方式均失效的情况下,可在气瓶间内实行应急方式,人为开启起动装置,进行灭火。应急机械操作实际上是机械方式的操作,此时可通过操作设在气瓶间内气体钢瓶瓶头阀上的应急机械起动器和相应选择阀上的应急机械起动器,来开启整个气体灭火系统。机械应急操作是直接启动储存容器,减少了中间环节。不论采用何种启动方式,应保证每组系统所有的灭火剂储存容器全部一次开启。

气体灭火工作流程如图 3-21 所示。

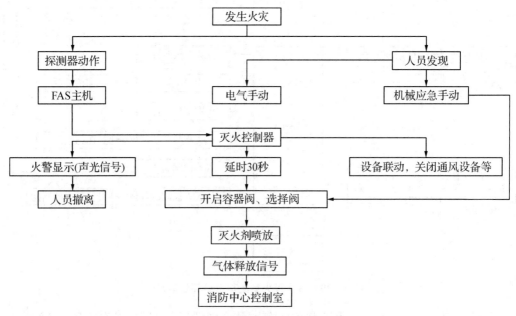

图 3-21 气体灭火系统工作流程

3. 气体灭火系统的运行管理

由于气体灭火系统目前所使用的几种灭火剂具有窒息性或低毒性,一旦发生火灾系统启动,为确保防护区内人身安全和系统顺利实施灭火,防护区内必须采取下列安全措施:

(1) 所有人员应在 30 秒内撤离防护区。

(2) 室内的疏散通道及出口应设应急照明与疏散指示标志。防护区内应设火灾报警器。防护区的入口应设火灾声光报警器和灭火剂喷放指示灯,以及防护区采用的相应气体灭火系统的永久性标志牌。灭火剂喷放指示信号应保持到防护区通风换气后,以手动方式解除。

(3) 用于疏散的门必须能从防护区内打开,并能自行关闭。

(4) 防护区和气瓶间应能通风换气,排风口宜设置在防护区的下部并应直通室外。

(5) 防护区内的金属箱体应设置防静电接地。

(6) 手动控制和应急操作应有防止误操作的警示牌和措施。

(7) 喷嘴前不应设置或存放设备和器具。

(8) 设有气体灭火系统的场所应配备空气呼吸器。

一般要求气体自动灭火系统应 24 小时正常工作,系统主机处于自动状态。在各保护区门口的灭火控制单元上,电源显示灯亮。不同的灭火控制盘对应不同的保护区,当需要在灭火控制盘上进行手动释放气体操作时,一定要确保需要的保护区所对应的灭火控制盘是正确的。有气体灭火系统保护的设备房无人时,要求防护区的所有防火门处于关闭状态。气体灭火控制盘操作方法如下:

(1) 当有人进入气体灭火防护区时必须将气体灭火控制盘的"手动/自动转换"旋钮开关置于"手动"位置,手动指示灯点亮。离开防护区时将"手动/自动转换"旋钮置于"自动"位置,自动指示灯点亮。

（2）当防护区内发生火灾时，按压灭火控制盘上的"紧急启动"按钮 3 秒以上，系统将延时 30 秒启动灭火程序，释放灭火气体。

（3）系统在"自动"状态下，当防护区内发生火灾，且系统进入 30 秒延时阶段时，若按下"紧急停止"按钮即可停止系统进入喷气灭火模式。

（4）工作人员需熟悉防护区及相应的"紧急启动"按钮、"手动/自动转换"开关和"紧急停止"按钮的位置，防止误操作。

（5）非气体防护区内发生火灾，严禁按压"紧急启动"按钮。

单元练习

一、单项选择题

1. 在火灾自动报警系统中，用以接收、显示和传递火灾报警信号，并能发出控制信号和具有其他辅助功能的控制指示设备称为（　　　）。

A. 火灾报警装置　　　　　　　　　B. 感温火灾探测器

C. 感烟火灾探测器　　　　　　　　D. 感光火灾探测器

2. 火灾自动报警系统称为（　　　）。

A. BAS　　　　　　　　　　　　　B. FAS

C. EMCS　　　　　　　　　　　　D. ISCS

3. 当 FAS 确认现场有火警后进行报警并自动进行消防广播，属于（　　　）状态。

A. 广播手动联动　　　　　　　　　B. 系统手动联动

C. 广播自动联动　　　　　　　　　D. 系统自动联动

4. 地铁内遇到火灾时，下列不正确的是（　　　）。

A. 不要贪恋财物　　　　　　　　　B. 尽可能寻找简易防护

C. 要镇定　　　　　　　　　　　　D. 身上着火要奔跑

5. 下列自动喷水灭火系统属于开式系统的是（　　　）。

A. 湿式系统　　　　　　　　　　　B. 干式系统

C. 预作用系统　　　　　　　　　　D. 雨淋系统

二、多项选择题

1. 气体灭火常用的灭火介质主要有（　　　）。

A. 七氟丙烷　　　　　　　　　　　B. 二氧化碳

C. IG - 541　　　　　　　　　　　D. 气溶胶

2. FAS 系统和（　　　）、防火门、防火卷帘门、挡烟垂壁等相关设备联动。

A. 防排烟系统　　　　　　　　　　B. 通风与空调系统

C. 自动喷水灭火系统　　　　　　　D. 消火栓系统

3. 气体灭火系统主要启动方式有（　　　）。

A. 自动控制　　　　　　　　　　　B. 手动控制

C. 应急机械操作控制　　　　　　　D. 手动模式

4. 气体灭火介质的要求主要有( )。

A. 无腐蚀   B. 无污染

C. 无毒   D. 无导电性

5. 车站配置 FAS 系统设备有( )。

A. FAS 主机   B. 消防电话

C. 警铃   D. 火灾探测器

三、判断题

( )**1.** FAS 系统属于消防用电设备,其主电源应当采用消防电源,备用电源采用蓄电池。

( )**2.** 气体灭火系统气体喷放后,不要等到防护区内气体全部排完就可进入。

( )**3.** 火灾时不可乘坐垂直电梯或自动扶梯。

( )**4.** 对不宜用水扑救的设备房,应采用气体灭火系统进行保护。

( )**5.** 高架区间消防应利用市政消防设施,不单独设置水消防系统。

( )**6.** 自动喷水灭火系统在公共区作用显著,因而在车站公共区可设置自动喷水灭火系统。

( )**7.** 气体灭火控制盘的紧急启动按钮被按下后,马上启动开始喷放气体。

( )**8.** 地下车站所有区域均应设有气体灭火系统保护。

四、简答题

1. 简述 FAS 的设备组成。

2. 车站消防的基本要求?

3. 简述 FAS 系统的运行方式。

4. 简述几种自动喷水灭火系统的区别。

5. 简述气体灭火系统的操作方式。

项目四

低压配电与动力照明系统

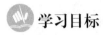 **学习目标**

1. 了解城市轨道交通供电系统的结构和组成。
2. 了解城市轨道交通牵引供电系统的结构和组成。
3. 掌握城市轨道交通车站低压配电与动力照明系统的组成与功能。
4. 掌握城市轨道交通车站低压配电系统的配电方式和控制方式。

项目导学

2008 年 7 月 18 日上午 7 点 40 分左右,北京地铁 5 号线惠新西街北口站内照明系统出现故障,导致 5 号线全线多站被封站和限流,至少千余名旅客滞留站外。1 个小时后,各站陆续恢复正常运行。

2013 年 3 月 30 日晚 7 时许,深圳地铁 3 号线一列列车,从龙岗爱联站往双龙方向驶入塘坑站时,工作人员进入车厢清客。一些乘客下车后在站台上等候,很快站台上就挤满了人,工作人员告知列车无法继续运行,请乘客改乘公交车。官方随后通报事故原因,由于持续雷暴及强风天气,导致高架段龙岗爱联站供电电缆故障。

2018 年 7 月 26 日中午,上海地铁 1 号线突发供电设备故障,莘庄至上海南站区段列车限速运行,对运营产生了一定影响。经过专业部门排查,原来是由于受到强对流天气影响,雷电击中供电设备,导致莲花路往外环路触网上的"下锚绝缘子"断裂,造成莲花路往莘庄方向的触网失电。

任务一　城市轨道交通供电系统概述

城市轨道交通供电系统的电源一般取自城市电网,将城市电网的高压电通过输送或变换,以适当的电压等级供给轨道交通设备,以保证轨道车辆供电或车站供电。根据用电性质不同,城市轨道交通供电应包括外部电源、主变电所、牵引供电系统、低压配电与动力照明系统、电力监控系统等。牵引供电系统应包括牵引变电所与牵引网;低压配电与动力照明系统应包括降压变电所与动力照明配电系统。低压配电与动力照明系统是确保地铁车站正常运行不可缺少的部分,其状态直接关系着整个车站的日常运行。

一、供电系统的结构

城市轨道交通供电系统主要由外部供电系统、牵引供电系统、低压配电与动力照明系统、电气安全与防护系统及电力监控系统等部分组成,如图 4-1 所示。城市轨道交通供电系统的电源来自国家电网的高压输电网,属于高压供电网络。通常将发电厂至主变电所部分称为外部供电系统,也称作一次供电系统,而将主变电所至牵引变电所、降压变电所部分称为中压供电网络。

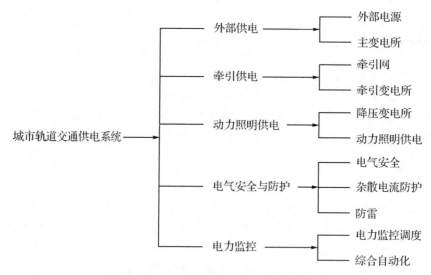

图 4-1 城市轨道交通供电系统的组成

1. 电压等级

外部供电系统包括外部电源和主变电所,一般从城市电网 10 kV,110 kV,220 kV 系统接口接入。我国规定的电网标称电压有 3 kV,6 kV,10 kV,20 kV,35 kV,110 kV,220 kV,330 kV,500 kV,750 kV,1 000 kV,城市电网主要由 10 kV,110 kV,220 kV,500 kV 供电网络构成。我国电压等级分类见表 4-1。

表 4-1 我国电压等级分类

序号	电压等级	描述
1	36 V	人体安全电压
2	220 V 或 380 V	低压
3	1 kV—35 kV	中压
4	35 kV—220 kV	高压
5	330 kV—750 kV	超高压
6	AC1000 kV,DC±800 kV	特高压

城市轨道交通供电系统从城市电网引入高压电源,并将引入的电源进行变压、整流或直接分配至各牵引变电所和降压变电所,为列车牵引和辅助设备提供电能,城市轨道交通供电系统示意图如图4-2所示。发电厂 F_1 与 F_2 ,升压变电所 B_1 与 B_2 ,以及区域变电所 B_3 与 B_4 ,主变电所 B_5 与 B_6 ,牵引变电所 B_7 与 B_8 ,降压变电所 B_9 。我国的城市轨道交通供电系统中,主变电所的电源电压以 110 kV 电压等级为主,主变电所将接收到的高压电降压至 35 kV 和 10 kV 后,经三相输电线路传输至本区域内的牵引变电所 B_7 与 B_8 和降压变电所 B_9 ,牵引变电所将城市电网或主变电所提供的 35 kV 交流电降压至 1220 V 再进行整流,为列车提供直流 1 500 V 供电,降压变电所为车站提供交流 380 V 供电。

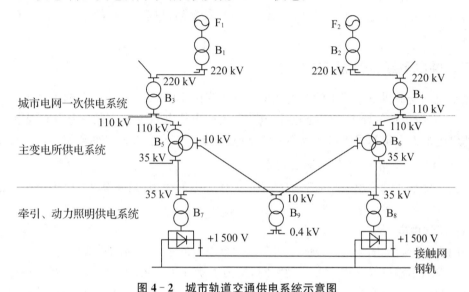

图 4-2 城市轨道交通供电系统示意图

2. 供电制式

城市轨道交通供电系统通过牵引网向电力机车供电时所选用的电流制式、电压等级和馈电方式统称为供电系统的供电制式。电流制式分为直流和交流两种。高铁列车使用单相 25 kV 供电,实际变电所馈电电压 27.5 kV。对于城市轨道交通,直流供电相对于交流供电在调速范围、可控性、启制动平稳性、成本和电压质量等方面均有优势。目前,城市轨道交通无论是由直流牵引电动机、交流牵引电动机还是由线性电动机来驱动的机车,都采用直流供电制式,牵引网采用直流双导线制,正极、负极均不应接地。牵引网馈电方式分为架空接触网和接触轨两种。牵引网制式应结合车辆受电要求、牵引负荷容量、列车运行最高速度、线网及城市特点等因素综合考虑确定。架空接触网适用于直流和交流制式,接触轨仅适用于直流制式。我国的架空接触网多为 1 500 V,如北京、天津地铁。接触轨多为 750 V,如上海、南京地铁。直流牵引供电系统的电压及波动范围见表4-2。

表 4-2 直流牵引供电系统的电压值

标称值	最高值	最低值
750 V	900 V	500 V
1 500 V	1 800 V	1 000 V

城市轨道交通使用直流供电的原因有很多。相比于高铁列车,城市轨道交通的列车功率并不是很大,其供电半径(范围)也不大。因此不需要太高的供电电压;直流供电没有电抗压降,同等电压等级下比交流供电电压损失小;另外,城市轨道交通供电线路都处于城市建筑群之间,为确保安全,供电电压也不宜太高。

城市轨道交通供电系统的馈电方式结合不同的电压等级,主要有 4 种形式,直流 1 500 V 架空接触网、直流 1 500 V 接触轨、直流 750 V 架空接触网、直流 750 V 接触轨。大运量列车多采用直流 1 500 V 架空接触网方式馈电,中运量列车采用直流 750 V 接触轨或架空接触网。近年来,许多城市为了考虑城市景观,使用直流 1 500 V 接触轨馈电,例如广州、武汉、长沙、无锡地铁,随着馈电技术的发展,直流 1 500 V 接触轨已成为城市轨道交通供电制式的发展趋势。

二、供电系统的连接方式

城市轨道交通供电系统中的各类变电所必须有两个电源。每个进线电源的容量应满足变电所一、二级负荷的要求。主变电所、电源开闭所进线电源应至少有一个为专线电源。为变电所供电的两个电源可来自上级不同的变电所,也可来自上级同一变电所的不同母线。

1. 主变电所和牵引变电所供电方式

根据主变电所与牵引变电所连接方式,又分为环网供电、单边供电、双边供电、辐射型供电。

(1) 环网供电

环网供电方式如图 4-3 所示,由两个或两个以上的主变电所与沿线所有的牵引变电所和降压变电所用输电线连成一个环网。同时,为了增加供电可靠性,采用双回路输电线路,当一个主变电所或一路线路出现故障时,供电区域内的牵引变电所和降压变电所仍可由其他主变电所供电而继续工作。目前,我国城市轨道交通供电系统多采用环网供电方式,以保证供电系统的可靠性,但这种方式建设成本偏高。

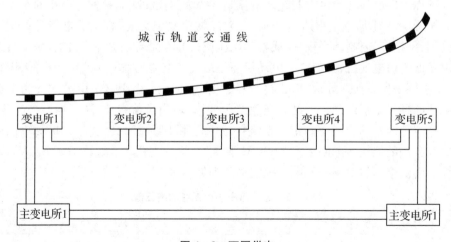

城 市 轨 道 交 通 线

图 4-3 环网供电

(2) 单边供电

单边供电方式如图 4-4 所示,当轨道沿线只有一侧可接入电源时,采用这种方式供电。单边供电所需设备较少,线路简单,建设成本较小,但这种方式较环网供电可靠性差,为了提高可靠性,应采用双回路输电线路。

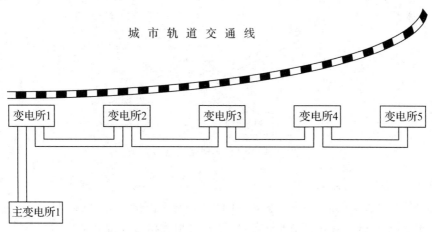

图 4-4 单边供电

(3) 双边供电

双边供电如图 4-5 所示,由两个主变电所向沿线牵引变电所供电,并将其母线与所有牵引供电所的输电线连接,采用双回路输电线路保证供电的可靠性。这种方式供电可靠性稍逊于环网供电,但要高于单边供电,建设成本也在两者之间。

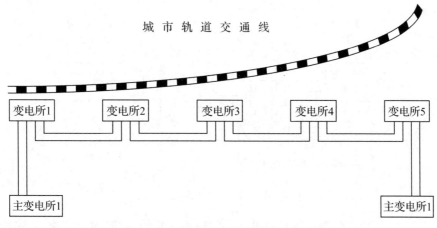

图 4-5 双边供电

(4) 辐射型供电

辐射型供电如图 4-6 所示,每个牵引变电所都用两路独立的输电线与主变电所连接。这种供电方式适用于弧形轨道线路、各牵引变电所与主变电所的距离相差不多的情况下,其结构相对简单,建设成本较低,但当主变电所停电时,全线所有的牵引变电所都将停止工作。

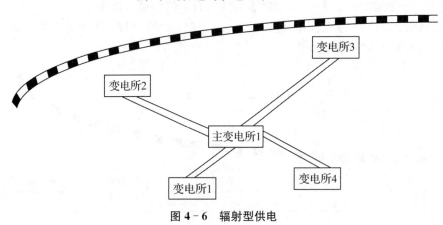

图 4-6 辐射型供电

2.中压环网的供电方式

外部电源方案应根据城市轨道交通线网规划、城市电网现状及规划、城市规划进行设计,根据中压环网的供电方式可分为集中式供电、分散式供电或混合式供电。

(1)集中式供电

在城市轨道交通沿线集中设置若干座主变电所,每座主变电所由城市电网提供两路独立可靠的电源,经主变电所降压后为牵引变电所、降压变电所供电,并通过联络开关实现电源备用,这类供电方式称为集中式供电,如图 4-7 所示。目前建成的城市轨道交通线路多采用这种方式供电,如上海地铁、广州地铁、深圳地铁、南京地铁等。

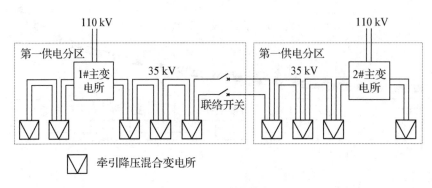

图 4-7 集中式供电

对于集中式供电方案,中压网络的电压等级应根据用电容量、供电距离、城市电网现状及规划等因素,经技术经济综合比较确定;对于延伸线,中压网络的电压等级宜与原线路相一致。中压网络的电压等级可采用 35 kV、20 kV、10 kV,不同电压等级的中压网络比较如表 4-3 所示,我国的城市轨道交通供电系统中,中压网络的电压等级有 35 kV,33 kV 和 10 kV,其中 33 kV 为我国早期引进国外设备所采用的电压等级。33 kV 和 20 kV 为国际标准电压,上海地铁 1 号线牵引网络采用 33 kV 电压等级,低压配电与动力照明网络采用 10 kV 电压等级;广州地铁 1 号线采用了 33 kV 电压等级的牵引降压混合供电网络;深圳地铁和南京地铁均采用 35 kV 电压等级牵引降压混合供电网络。我国电力系统并未推荐使用 33 kV 电压等级,上海地铁和广州地铁采用此电压等级有其特殊历史原因,其他城市很少采用。

中压网络宜采用牵引动力照明混合网络形式。供电系统的中压网络应按列车运行的远期通过能力设计,对互为备用线路,一路退出运行另一路应承担其一、二级负荷的供电,线路末端电压损失不宜超过 5%。

表 4-3 不同电压等级的中压网络特点

序号	中压网络电压等级	特点
1	35 kV(33 kV)	输电距离远,容量大,电能损失小。设备体积大、价格高,国内无环网开关柜,但主要设备可实现国产化。国内城市电网将逐步取消 35 kV 供电系统,但部分城市轨道交通的中压系统仍在使用
2	20 kV	输电距离、容量、电能损失、设备价格等相对适中,设备可实现国产化,设备体积小,可缩减车站体量,节省土建投资,接线与维护相对简单、操作灵活。国外采用较多,我国尚未在城市轨道交通供电系统中采用此电压等级
3	10 kV	输电距离、容量小,传输过程中电能损失较大,但设备体积小、价格低,设备可完全实现国产化,在我国城市配电网中被普遍采用,部分国内城市轨道交通供电系统中也使用此电压等级

(2) 分散式供电

城市轨道交通沿线分散引入城市中压电源,直接或通过电源开闭所间接为牵引变电所和降压变电所供电,这类供电方式称为分散式供电。对于分散式供电方案,中压网络的电压等级应与城市电网一致,如图 4-8 所示。

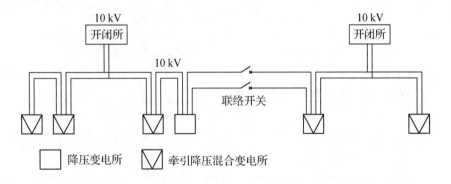

图 4-8 分散式供电

(3) 混合式供电

混合式供电是将集中式和分散式两种供电方式集合起来,一般以集中式供电为主,个别地段引入城市电网电源作为集中式供电补充,兼具集中式和分散式两种供电方式优点,同时具备分散式供电的经济效益和集中式供电的可靠性,在资源充足的路段采用分散式供电以降低成本,而在资源紧张的路段采用集中式供电保证供电的可靠性。北京地铁一号线和环线、武汉轨道交通工程、青岛地铁南北线工程等都为混合式供电方式。

集中式供电的中压网络可根据工程实际需求选择与城市电网相同或不同的电压等级,

通常选择较高等级,以提升系统的供电能力和供电可靠性,同时还可以减少传输过程中的电能损失。此种方式下,牵引供电和低压配电与动力照明可采用相对独立的网络,即牵引供电采用 35 kV 电压等级、低压配电与动力照明采用 10 kV 电压等级,这样既可以保证牵引系统对电源容量和系统供电能力的要求,又可以减少低压配电与动力照明网络在供电设备上的投资。分散式供电的中压网络的供电可靠性高,设备投资及运行管理费用低,但在电压等级的选择上受制于城市电网,必须原则与城市电网相同的中压网络电压等级。随着城市电网 35 kV 供电系统的逐步取消,分散式供电方式下供电系统中压网络只能选择 10 kV 的电压等级,限制了供电系统的供电能力,也对供电分区的划分造成了影响。混合式供电是兼具集中式和分散式供电网络的性能优点,但在电压等级的选择上与分散供电线路在整个供电线路中的比例是多少。集中式和分散式供电比较见表 4 - 4。

表 4 - 4　集中式和分散式供电比较

供电方式	优点	缺点
集中式	1. 供电可靠性高,受外界因素影响较小 2. 主变电所采用 110 kV/35 kV 有载自动调压变压器,有专用供电回路,供电质量好 3. 地铁供电可独立进行调度和运行管理;检修维护工作相对独立方便 4. 可提高地铁供电的可靠性和灵活性 5. 牵引整流负荷对城市电网的影响小 6. 后期升级改造只涉及城市电网几个 220 kV 变电站增容改造,工程量小,相对易于实现	投资较大
分散式	1. 投资较小 2. 便于城市电网进行统一规划和管理	1. 受 110 kV 和 10 kV 电网故障影响,受外界因数影响较多 2. 10 kV 电网直接向一般用户供电,引起的故障概率大,可靠性较低 3. 与城市电网接口多,调度和运营管理环节多,故障状态下用电转换不方便 4. 牵引整流机组产生的谐波直接进入 10 kV 城市电网,对其他用户影响较大 5. 城市电网的变电所应具有足够容量,以满足地铁牵引供电的要求,涉及较多 110 kV 变电站的增容改造,工程量较大

3. 变电所架构形式

　　由于城市轨道交通线路距离较长,供电系统在从城市电网引入 110 kV 或 220 kV 电源后通常采取供电分区的形式通过中压环网为下一级负荷供电,中压环网的电压等级有 10 kV 和 35 kV 两种,分别对应降压变电所(低压配电与动力照明系统)和牵引变电所(牵引供电系统)。通常降压变电所和牵引变电所是相互独立的,而有时可根据实际情况把降压变电所和牵引变电所融合为一个变电所,形成牵引降压混合变电所。供电所的结构形式不同,供电系统的供电方式也不相同,根据变电所的架构形式,供电系统的供电方式可分为独立供电和联合供电两种。

独立供电方式如图 4 - 9 所示,图中牵引变电所和降压变电所独立设置,由主变电所分别进行供电,这种方式中,牵引供电系统和低压配电与动力照明系统相互独立,互不影响,供电可靠性较高。主变电所向牵引变电所输出的 35 kV 线路可采用双边供电或单边供电;向降压变电所输送的 10 kV 线路采用双 T 型结构,在供电系统的末端采用单边供电。

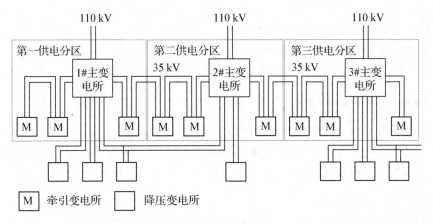

图 4 - 9 独立供电方式

联合供电如图 4 - 10 所示。采用了牵引降压混合变电所的供电系统中,取消了 10 kV 的供电线路,直接由牵引降压混合变电所将 35 kV 电压降至 380 V 为动力照明系统供电,这种供电方式称为联合供电。目前采用这类供电方式的较多,在实际应用中,可根据车站的具体用电情况,增设相应的降压变电所,也可以在混合变电所的基础上增设跟随所,即在原来的基础上再增加两台动力变压器,以满足车站的实际用电需求。

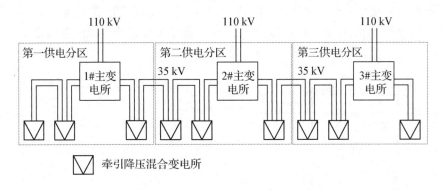

图 4 - 10 联合供电方式

任务二 低压配电与动力照明系统概述

供配电系统均由电源、输电线路和负荷组成。低压配电系统由低压配电室开关柜、低压电缆和设备配电箱组成。其中降压变电所是低压配电与动力照明系统的重要组成部分,负责将区域变电所或主变电所输送来的中压交流电降压至低压交流电,并通过配电设备为各级用电设备供电。降压变电所应结合实际情况和低压配电系统自身的需求,选择合理的位置,在选址时主要参照以下因素。

(1)地面或高架车站的降压变电所应与车站合建,根据负荷分布情况设置在车站低压负荷较大的一端。

(2)地下车站降压变电所应与车站合建。

(3)车辆段降压变电所应与牵引变电所合建。

(4)控制中心的降压变电所一般设置在控制中心地下一层或地上一层。

一、降压变电所的设置

车站低压配电与动力照明系统采用 380 V 三相五线制和 220 V 单相三线制方式供电,为车站降压变电后的动力照明设备、设施及线路供电。车站配电系统中大量的动力设备通常集中在车站两端的设备区,车站中部公共区和运行区间主要为照明负荷。

1. 供电形式

对于车站规模和负荷相对较小、长度较短的车站,可在车站负荷较大的一端设置一座降压变电所。对于车站规模和负荷较大、长度较长的车站,可根据实际情况,在车站两端的设备区分别设置一座降压变电所和一座跟随所(或低压配电室),每个变电所负责半个车站和相邻两侧半个区间的供电。车站低压配电由降压变电所 400 V 配电柜或车站 400 V 环控配电柜及相应的控制保护设备组成。降压变电所可按照降压变电所直接供电、降压变电所和低压配电室供电、降压变电所和跟随所供电进行布置。

(1)降压变电所直接供电

降压变电所直接供电形式如图 4-11 所示,车站的重负荷端设置一座降压变电所,电气设备由降压变电所经低压开关柜直接供电。另一端设置低压配电箱,为该端的电气设备供电。

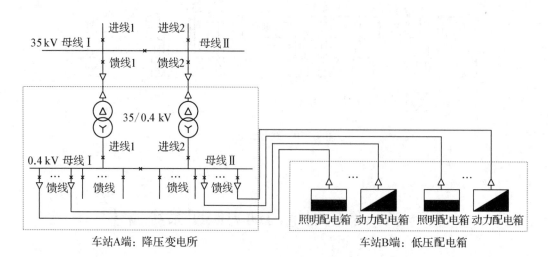

图 4-11 降压变电所直接供电

(2) 降压变电所和低压配电室供电

降压变电所和低压配电室供电形式示意图如图 4-12 所示,车站的一端设置一座降压变电所,另一端设置一座低压配电室,室内设置 400 V 低压开关柜,由降压变电所两台动力变压器引入两路 400 V 电源。此类方式可节约用地,提高系统的供电可靠性,但造成低压系统上、下级配合级数增多,电压损失增大,施工和维修难度也随之增加。

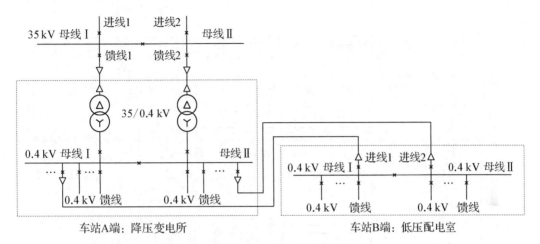

图 4-12　降压变电所和低压配电室供电

(3) 降压变电所和跟随所供电

降压变电所和跟随所供电形式的示意图如图 4-13 所示,车站的一端设置一座降压变电所,另一端设置一座跟随式降压变电所。跟随式降压变电所内设置两台动力变压器和一个 400 V 开关柜,动力变压器通过降压变电所的高压断路器分接于两段高压母线上。此类方式可节约用地,系统简单可靠,解决了前两种供电方式占地多、低压母线截面大、电能损耗高、配合等级多等问题,但由于跟随式降压变电所与降压变电所分别建在车站两端,跟随式降压变电所动力变压器和进线断路器距离较远,造成动力变压器的检修作业复杂,误操作风险增大。

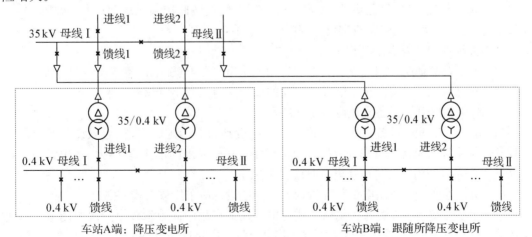

图 4-13　降压变电所和跟随所供电

在实际应用中,一条城市轨道交通线路上的降压变电所往往采用多种形式布置。例如南京地铁 1 号线,安德门和迈皋桥两处的 110 kV/35 kV 主变电所为地铁线路中的牵引变电所和降压变电所供电,全线共设 AC35kV/DC1500V 和 35/0.4 kV 牵引降压混合变电所 8 座,35/0.4 kV 降压变电所 9 座,另设 35/0.4 kV 跟随式降压变电所 15 座。

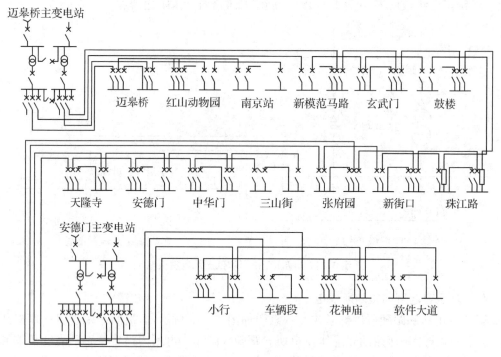

图 4 - 14　南京地铁 1 号线供电方式示意图

2. 设置原则

低压配电与动力照明系统主要由降压变电所、动力照明低压配电设备及相关控制设备组成。各种动力设备自成系统,如空调通风系统、给排水系统、消防灭火系统、AFC 系统等;控制方式采用就地控制、远程集控、按程序启停的电气设备监控系统自动控制、火警信号控制等多种方式;启动方式包括直接启动、降压启动、软启动等。

动力照明配电应符合下列规定:

(1) 消防及其他防灾用电设备应采用专用的供电回路,其配电设备应设有明显标志。

(2) 配电变压器二次侧至用电设备之间的低压配电级数不宜超过三级。

(3) 各级配电开关设备宜预留备用回路。

(4) 动力照明配电设备宜集中布置。车站应设动力照明配电室,在通风设备容量较大且设备较集中场所及冷冻机房处等处宜设配电室。车辆基地的单体建筑物内用电设备容量较大且在该建筑物内没有降压变电所时应设配电室。

(5) 负荷性质重要或用电负荷容量较大的集中设备应采用放射式配电。

(6) 中小容量动力设备宜采用树干式配电。用电点集中而容量较小的次要用电设备可采用链式配电,连接的设备不宜超过 5 台,其总容量不应超过 10 kW。

(7) 区间照明电压偏差允许值应为 +5%～-10%,其他用电设备端子处电压偏差允许值应符合现行国家标准《供配电系统设计规范》(GB 50052－2009)的规定。

(8) 建筑净高小于1.8 m的电缆通道,应设置特低电压照明。

(9) 容量较大、负荷平稳且经常使用的用电设备宜单独就地设置无功功率补偿装置。

(10) 动力设备及照明的控制根据需要可采用就地控制和远方控制。

(11) 区间和道岔附近应设维修用移动电器的电源设施;车站站厅和站台宜设清扫用移动电器的安全型电源插座。

(12) 插座回路应具有漏电保护功能。

在低压配电与动力照明系统中,动力配电一般遵循以下原则:

(1) 采用放射式和树干式相结合,重要设备以放射式为主的方式为车站及区间的动力设备供电。

(2) 系统采用三相五线制配电。

(3) 变压器二次侧至用电设备之间的低压配电级数不宜超过3级;对非重要负荷供电时,可超过3级。

(4) 地下车站在车站两端设备区分别设置环控电控室,以对通风空调设备实现配电、保护和控制。环控设备一般采用二级配电方式,将环控设备按一、二级负荷分成若干组,每组容量控制在200 kW左右。环控电控室采用单母线不分段的接线方式,两路电源一主一备自动切换,从环控电控室母线引单回路至用电设备。三级负荷为单母线不分段的接线方式,个别远离环控电控室的一、二级环控设备可由降压变电所直接供电。

二、低压配电与动力照明系统的负荷分类

根据《地铁设计规范》(GB 50157－2013)的要求以及用电设备的不同用途和重要性,城市轨道交通的用电负荷分为三级。牵引用电负荷应为一级负荷。

1. 按用途分类

按用途不同,车站低压配电负荷分为动力设备和照明两类负荷。

(1) 动力设备负荷

主要包括通信、防灾报警、信号、FAS、AFC设备、屏蔽门、风机、空调、气体灭火设备、垂直电梯、污水泵、ISCS/EMCS、扶梯、检修插座、冷冻机组、空调水泵、冷却塔、清扫插座。

(2) 照明负荷

主要指车站和隧道内的各类照明。如一般照明、设备房管理房照明、导向照明、应急照明、出入口照明、安全照明、广告照明和区间照明等。

2. 按重要程度分类

按动力照明等用电负荷应按照供电可靠性要求及失电影响程度,分为一级负荷、二级负荷、三级负荷。

(1) 一级负荷

主要包括综合监控设备、火灾自动报警系统设备、消防水泵及消防水管电保温设备、防排烟风机及各类防火排烟阀、防火(卷帘)门、消防疏散用自动扶梯、消防电梯、应急照明、主排水泵、雨水泵、防淹门及火灾或其他灾害仍需使用的用电设备;通信系统设备、信号系统设备、综合监控系统设备、电力监控系统设备、环境与设备监控系统设备、门禁系统设备、安防

设施；自动售检票设备、屏蔽门(安全门)设备、变电所操作电源、地下站厅站台等公共区照明、地下区间照明等。其中火灾自动报警系统设备、环境与设备监控系统设备、专用通信系统设备、信号系统设备、变电所操作电源、地下车站及区间的应急照明为一级负荷中特别重要负荷。

一级负荷配电从降压变电所(或牵引降压混合变电所)的两段中压母线上分别馈出一路专用供电线路向负荷末端电源切换箱供电，两路电源在切换箱内自动切换，以实现不间断供电，如消防系统，废水泵电源，消防疏散用自动扶梯等。综合监控系统、通信系统、自动售检票系统设备通过整合不间断电源(Uninterruptible Power Supply，简称 UPS)装置实现不间断供电；信号系统、站台门系统单独设置 UPS 以实现不间断供电；变电所自用电由交直流屏供电；应急照明由应急电源装置供电。一级负荷必须采用双电源双回线路供电。一级负荷中特别重要的负荷，除由双电源双回线路供电外，应增设应急电源，并严禁其他负荷接入。一级负荷设备极为重要，一级负荷设备的停电，将可能引发运营的延误或乘客疏散的困难，导致较大伤亡事故。

(2) 二级负荷

主要包括乘客信息系统、变电所检修电源、附属房间照明、普通风机、排污泵、电梯、非消防疏散用自动扶梯和自动人行道等。二级负荷配电从降压变电所(或牵引降压混合变电所)中压母线上引出一路电源至末端设备配电箱或设备。当一台变压器退出运行时，降压变电所的母线分段开关自动闭合，退出运行变压器所带的二级负荷由另一台变压器负责供电。二级负荷宜采用双电源单回线路专线供电。

二级负荷设备较为重要，二级负荷设备的停电，将可能引发运营的延误或乘客疏散的困难，导致一定程度受伤事故发生。

(3) 三级负荷

一、二级负荷之外的其他用电负荷，主要包括广告照明、电开水器、保洁电源、空调冷水系统、备用空调、区间检修设备、附属房间电源插座、车站空调制冷及水系统设备、广告照明、清洁设备、电热设备、培训及模拟系统设备等均为三级负荷。三级负荷配电从降压变电所(或牵引降压混合变电所)的低压负荷母线上引一路电源至末端设备配电箱或设备；当供电系统为非正常运行方式时，三级负荷将自动切除。三级负荷可采用单电源单回线路供电。

三级负荷重要性相对较低，当三级负荷停电时会导致乘客舒适度下降，但不会导致伤亡事件，系统中只有一个电源工作时可切除三级负荷。

三、低压配电与动力照明系统的供电及控制

1. 动力设备供电

车站低压配电系统采用放射式和树干式相结合，以放射式为主的配电方式。系统所供配电设备可分为由车站降压所直接供配电设备和由环控电控室供配电设备。在地下站台层或站厅层两端各设有一个环控电控室，所有通风空调用电设备均在通风空调电控室配电，并作为通风空调设备的供电末端。不同负荷不同供电系统的供电方式各有不同。

(1) 一级负荷供电

一级负荷设备由降压变电所低压柜Ⅰ，Ⅱ段母线各引一路电源到设备附近的电源切换

箱,经电源切换箱实现双电源末端切换后再馈出给设备,两路电源正常时一路工作,一路备用,并可互作备用。

(2) 二级负荷供电

二级负荷设备由降压变电所低压柜Ⅰ或Ⅱ段母线引一路电源至设备附近的电源配电箱后再馈出给设备,当所在该段母线故障时母联开关自动投入合闸,可由另一段母线继续供电。当电网只有一路电源时,允许将其从电网中切除。

(3) 三级负荷供电

三级负荷设备由降压变电所低压柜三级负荷母线引来一路单电源至通风空调电控室低压柜,当降压所低压柜任一段母线失压或故障时,均自动切除所有三级负荷设备供电,人工复位。在火灾情况下,FAS 直接切断三级负荷总电源。车站冷水机组等大负荷设备由车站降压变电所低压母线直接供电。由于高架站内无大型空调通风设备,高架站不设通风空调电控室。

对环控室直接配电的环控一、二类负荷设备(如区间隧道风机、送排风机、防火阀、阀、BAS 控制柜等),系统采用单母线断路器分段接线形式供电,并设有电源自动切换装置,通过母联断路器(连接两段母线)的备用电源自动投切装置,实现两路电源互备供电。

对环控室供配电(直接或间接)的环控三类负荷设备(如电动蝶阀、冷却水泵等),系统采用单母线接线形式供电,当该母线失压或故障时,中断供电,当电网只有一路电源供电时,也联跳中断供电。

2. 动力设备的控制

对通信、信号、站控室、废水泵、电梯、自动扶梯等由降压所直接供配电的各系统设备,低压配电系统提供电源至各设备附近的配电箱或电源切换箱,工作人员可在降压所或设备附近的配电箱或电源切换箱上对各设备作电源通断或切换操作控制。

对环控电控室直接控制的环控设备,如空调机、风机等,采用三地控制方式,即就地控制(设备附近)环控电控室控制及车控室控制(通过 BAS 控制)。工作人员可在设备附近的配电箱或电源切换箱、环控电控室、车控室 BAS 工作站上对该设备作电源通断或切换操作控制。

表 4-5 车站动力设备控制方式

控制方式	描述	用途
就地控制	就地控制指在设备附近,便于直接控制。	对自动扶梯、大型风机、组合空调箱等进行控制
环控电控室集中控制	环控电控室中设置有 BAS 控制柜,主要对环控设备控制	对各环控设备进行控制,如风机、冷却塔、通风空调等
车控室集中控制	车控室通过综合监控对风机、空调、水泵等设备进行监控	对风机、空调、水泵等设备的控制与监视,并将采集的信息送至中央控制室

自动扶梯正常时由现场控制,事故状态下可在车控室内按动应急停机按钮停止所有自动扶梯运行。风机、水泵等启动方式一般设备采用直接启动方式,大型设备采用降压启动、变频或软启动的方式。

图 4-15　环控电控室和双电源切换配电箱

图 4-16　风机变频柜

3. 照明系统的供电

车站照明主要由站台一般照明、设备房管理房照明、导向照明、应急照明（包括备用照明和疏散照明）、出入口照明、安全电压照明、广告照明和区间照明组成，区间照明由区间一般照明、区间应急照明及区间疏散指示照明组成。城市轨道交通车站的地下地域特征及地铁运营性质也决定了车站内照明种类的多样化，进而决定了照明配电回路的数量不亚于动力用电回路。

城市轨道交通车站照明系统范围为车站降压所变压器后的照明设备、设备及线路，按照照明位置分类分为四类，按照负荷重要性分为三类，见表 4-6。

表 4-6　车站照明按位置分类

照明位置	照明名称	负荷等级
站台、站厅公共区	一般照明	一级负荷
	节电照明	
	事故照明	
	广告照明	三级负荷

(续表)

照明位置	照明名称	负荷等级
出入口	一般照明	一级负荷
	事故照明	
	广告照明	三级负荷
设备及管理用房	一般照明	二级负荷
	事故照明	一级负荷
	出入口的疏散有诱导照明	
电缆廊道	一般照明	一级负荷
	事故照明	

　　地铁车站中的地下光环境较为特殊,主要表现在长期没有自然光,导致车站内外光度差异大。因此,在进行照明设计时,必须对地下照明进行精密的设计,使照明系统具有下列功能。

　　(1)保证站内环境的明亮和乘客的舒适性。

　　(2)保证车站照明能够辅助乘客更好地完成乘降等活动,并能够保证在特殊、危险时刻的疏散活动。

　　(3)地铁日益成为人们文化活动的一个组成场所,车站的照明系统也需具备一定的艺术感染力和文化内涵。

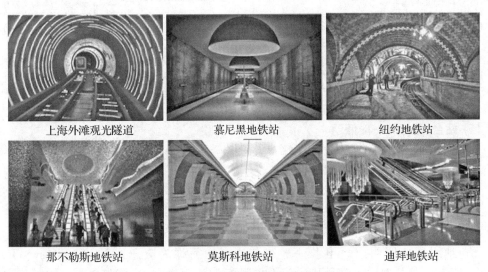

| 上海外滩观光隧道 | 慕尼黑地铁站 | 纽约地铁站 |

| 那不勒斯地铁站 | 莫斯科地铁站 | 迪拜地铁站 |

图 4-17　全球最美地铁站照明图

　　典型地下车站照明总配电系统图如图4-18所示。为便于运营和管理,在车站站台层(设备层)的两端各设置一个照明配电室,照明配电箱集中设置于配电室内,照明配电室内各设一套EPS电源,两路电源分别引自降压变电所低压柜一、二级负荷两段,负责车站应急照明、区间应急照明、疏散指示照明、应急类导向照明等。公共区照明配电以车站中心线为界,中心线两侧的公共区照明分别于照明配电室内设置两面照明总配电箱,两面照明总配电箱的两路电源分别引自变电所的两段低压母线,每面总箱内分别设置工作照明和节电照明回路,公共区照明灯具交叉配线,各负责50%公共区正常照明负荷,既满足地下车站公共区照明一级负荷双电源的供电要求,又经济合理,节约成本。地下车站和地下区间各场合均应设置应急照明系统。应急照明系统可分为分散式供电和集中供电两种形式。分散式供电采用应急灯,电源直接由动力照明变压器供给。由于分散式供电方式存在运行维护困难的缺点,目前,城市轨道交通系统应急照明均采用集中式供电,在车站设置应急照明系统。

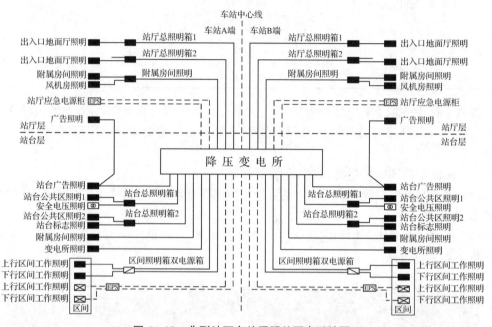

图 4-18 典型地下车站照明总配电系统图

照明系统根据其属性、用途及重要性的不同,配电方式也多有不同,如图 4-19 所示,为城市轨道交通车站 A 端照明系统的配电系统图。

(1) 站台、站厅等一般照明

一般情况下,车站站台,站厅的两端各设置一个照明配电室,集中安装各类照明配电控制箱。在站台两端各设置一个事故照明装置室。一般照明、节电照明、设备及管理用房照明的电源,分别在降压所的低压柜两段母线上各馈出一路电源,与照明配电室的两个配电箱连接,以双电源交叉供电方式,向站台、站厅、设备及管理用房供电。

(2) 事故照明

蓄电池组事故照明应急电源一般组装成套并简称为应急电源(Emergency Power Supply,EPS)。事故照明正常采用交流双电源互为备用供电,一路失电另一路接入电路。是由降压变电所的低压柜两段母线上各送出一路电源,经事故照明配电室再送出给各事故照明。同样,疏散诱导指示照明由事故配电箱分配给单独回路供电,如此设计可保证事故照明不受到其他照明负荷的干扰,在事故发生时仍然可以正常使用。

EPS 电源装置平时蓄电池处于浮充状态,当两路电源均失电后,事故照明由车站两端设备的 EPS 供电,电源装置由蓄电池组、充电器和逆变器组成。具体原理为:当交流电源失电后,蓄电池组提供直流电源,经过逆变器将直流电逆变为交流电输出;当交流电源恢复后,又自动切换回交流供电,并利用整流器将交流电转变为直流电给蓄电池充电,保证蓄电池持续带电。如图 4 - 20 所示,即为事故照明供电原理图。EPS 与 UPS 比较见表 4 - 7。

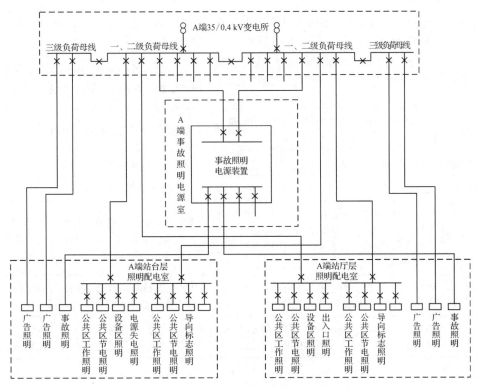

图 4‑19　车站 A 端照明配电系统图

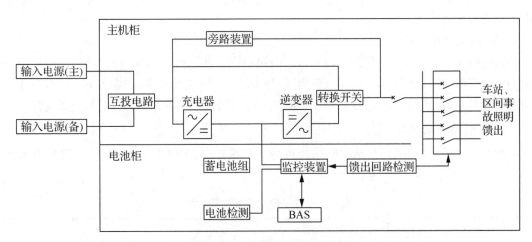

图 4‑20　事故照明供电原理图

表 4-7　EPS 与 UPS 比较

比较项目	EPS	UPS
负载	输出能适应容性、感性、阻性负载,能承受电机启动电流	输出能适应非线性负载,强调稳压、稳频、高品质电能
结构设计	EPS 通常把配电开关设置在机内,按用户配电需求进行结构设计,有多路互投功能	UPS 通常把配电开关设置在机外,输入输出配电由开关柜实现
逆变器状态	正常时,逆变器已启动,或准备启动但不输出功率,市电正常时由市电旁路供电,供电品质一般	对于常用的双转换式 UPS,当市电正常时,由逆变器向负载输出供电,供电品质较高
过载能力	能够满足 120% 过载正常连续工作,即 ≥ 90 min	能够满足 120% 过载运行 10 min
供电时间	一般要求 90 min 以上	一般为 10 min 至数十分钟之间
切换时间	切换时间在 0～0.5s 以内	零时间切换时间(双转换式)
寿命可靠性	EPS 平时工作状态是由市电供电,市电失效时转为蓄电池逆变器供电,且逆变器平时处于热备状态,EPS 主机的可靠性高且寿命一般为 20 年左右	UPS 的逆变器一般处于长期工作状态,元器件的老化相对较快,因此其可靠性相对较低、寿命一般为 8～10 年
工作环境	EPS 一般安装在配电室等没有空调的地方,工作环境相对较差,需要防鼠措施	UPS 一般安装在计算机房或者有空调的房间,工作环境条件较好
价格	EPS 由于技术指标要求比 UPS 稍低,整流/充电器功率小,因此主机价格相对较低	UPS 由于技术指标要求较高,整流/充电器功率相对较大,因此主机价位相对较高

(3) 广告照明

广告照明分布于站台,站厅公共区,采用日光灯灯箱的形式。一般由照明配电室配电箱统一分配供给,而在某些城市轨道交通车站,三级负荷的广告照明与正常的其他照明的供电电源是分开的。

(4) 区间隧道照明

区间隧道照明均安装在两侧壁,其中,一般照明由设在站台两端隧道入口处,区间隧道一般照明箱配出,每间隔 20 m 一个,一般为 70 W 高压钠灯;疏散照明每隔 20 m 一个,一般为 36 W 荧光灯;指示照明,出口指示牌照明每间隔 50 m 设置一个,各不同属性照明交叉设置。

4. 照明系统的控制

控制位置及控制方法,车站照明系统可分为三级控制,主要有就地控制、照明配电室集中控制、车控室集中控制。见表 4-8。

表 4-8　车站照明设备控制方式

控制方式	描述	用途
就地控制	设备及管理用房进门处设有就地开关箱或盒;区间隧道设于隧道两端入口处照明配电箱	主要用于设备及管理用房、区间隧道照明控制

（续表）

控制方式	描述	用途
照明配电室集中控制	照明配电室内相应照明场所的照明配电箱	主要用于集中控制相应场所的一般照明、节电照明、事故照明及广告照明
车控室集中控制	车控室内照明控制柜，实现对站台、站厅公共区的照明和控制方式的切换	主要用于车控室集中控制站台、站厅公共区照明设备。ISCS/EMCS 工作站对站台、站厅公共区照明监控

不同场所的照明供电控制方式也不同，表 4-9 根据不同场所照明给出其供电控制方式。

表 4-9 各系统供电控制

序号	照明分类	供电控制
1	设备用房照明	就地控制→照明配电室→ISCS 集控→低压配电室
2	站厅、站台公共区照明 出入口照明 广告照明 站台板下安全照明	照明配电室控制→ISCS 集控→低压配电室
3	事故照明	照明配电室控制→ISCS 集控→蓄电池室→低压配电室
4	区间照明	隧道口就地控制箱控制→ISCS 集控→蓄电池室→低压配电室

随着城市轨道交通各项技术的不断成熟和智能化控制的发展，越来越多的车站开始采用智能分布式控制总线系统来实现智能照明，以更便捷的技术节约能源。车站公共区正常照明采用智能照明控制方式，该系统自成体系，并作为子系统集成到地铁管理系统中。各功能模块分别安装在对应系统箱内，通过控制电缆连接，各分支线通过线路连接器连接成一个系统。该系统带有定时器且时间可方便调整，以对照明进行定时控制。应急照明、应急导向、设备区照明配电箱不在智能照明控制系统控制范围内。两种控制方式均可有效节约运营电能，使智能照明控制系统更加灵活和多样化。

图 4-21 站台应急照明和导向照明箱

图 4-22　广告照明和节电照明

任务三　电力监控系统

一、电力监控系统概述

电力监控（Supervisor Control And Data Acquisition/Power Supervisor Control And Data Acquisition，SCADA/PSCADA）又称为远动监控和数据采集，主要用以实现对远方电力运行设备的监视和控制，以提高供电安全运行水平。

1. 系统构成

城市轨道交通电力监控系统主要由电力调度控制中心（包括车辆段的复示系统）、变电所综合自动化系统，以及两者之间的通信数据通道构成，如图 4-21 所示。电力调度系统作为一个子系统纳入城市轨道交通的综合监控系统；变电所综合自动化系统设置在全线的主变电所、牵引降压混合变电所及降压变电所内；跟随式变电所不单独设置综合自动化系统，而由为之供电的上级变电所的综合自动化系统统一控制。

电力监控系统采用分层分布式结构，即有调度控制中心主站系统、车辆段监控和供电复示系统、主变电所系统及车站变电所子站系统。OCC 电力调度负责指挥和监控全线（包括主变电所）供电系统的正常运行和事故处理。电力监控系统实现对全线各变电所和接触网的开关等设备进行统一控制和监视，通过数据采集、信号反馈，随时了解全线供电设备的运行情况，及时准确地完成各种操作，对故障报警和各种运行事故迅速作出判断并进行准确处理，确保供电系统和设备的安全可靠运行。从而实现供电系统各种变电所的无人值守，提高系统的可靠性、工作效率和现代化管理水平，减少运营费用。

车辆段及停车场牵引降压混合变电所内设置集中监控台设备，为值班员提供管理界面；车站、车辆段和停车场的变电所综合自动化系统接入综合监控系统；车站级综合监控系统与变电所综合自动化系统之间采用冗余以太网通信方式进行数据传输。

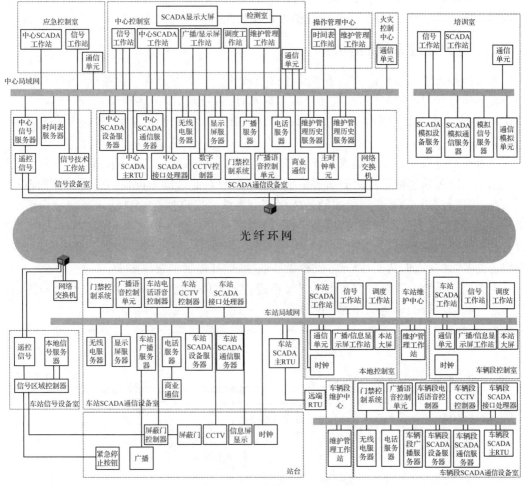

图 4-23　SCADA 系统总体结构图

2. 系统的性能指标

电力监控系统的优劣主要依据以下性能指标来评判。

（1）可靠性。 在技术要求所规定的工作条件下，能够保证系统可靠运行的能力。

（2）容量。 通常将电力监控系统遥信、遥测、遥调、遥控（简称四遥）等监控对象的数量称为电力监控系统的容量。

（3）功能。 除四遥功能外，还应具有数据记录、信息转发、自动调节等基本功能。

（4）实时性。 要求显示、记录、控制等功能均要在规定的时间内完成，通常用"传输延时"来衡量。

（5）抗干扰能力。 各种干扰因素会影响信号的传输距离和传输质量，从而影响系统的正常运行。电力监控系统所能保证各项技术指标正常实现的最大干扰程度视为系统的抗干扰能力。

（6）精度。 系统输入或输出量的精确程度。

（7）安全性。 包括设备安全、控制安全和通信安全。

（8）可维护性和可扩容性。 电力监控系统对供电系统中变电所、用电设备及相关线路扩展的适应性，以及电力监控系统自身的维护便利性和优化升级潜力。

二、电力监控系统的功能

电力监控系统通过通信数据通道及各被控站的变电所综合自动化系统，实施对供电系统及设备运行状况的实时监控，以便及时掌握和处理供电系统的各种事故、报警事件，准确实施调度指挥、事故抢修和故障处理，为电力调度提供自动化管理手段，确保供电系统的安全可靠运行。

变电所综合自动化系统是变电所为实现设备的监视、控制、数据采集、时间顺序记录、屏幕显示和打印等功能而采用的分布式多微机系统以及在此基础上设置的微机保护和自动装置（含电力监控 RTU）等共同组成的一体化综合系统。变电所综合自动化系统承担整个变电所信息处理、与上层调度通信，以及全部监控、中央信号和保护自动化的功能。变电所综合自动化是电力监控远动调控的基础，为使二者良好衔接，应进行一体化综合统一设计，实现信息共享，合并近似功能，以充分发挥设备效能、提高控制和监视水平。

电力监控系统对变电所内高压电气设备进行的不停电绝缘特性监测，以及对高压电器设备运行状态进行的检测统称为在线监测。

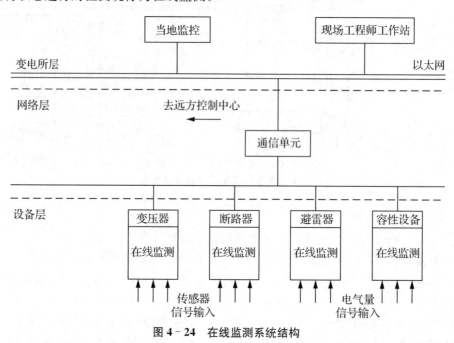

图 4-24 在线监测系统结构

1. 控制中心的主要功能

电力监控系统采用远动技术及远动装置，来完成变电所与控制中心之间远距离信息的实时自动传输，实现对各终端站点的集中监视和集中控制。在发生事故时，控制中心可及时了解事故性质和范围，采取科学、快速的处理措施，使事故损失降至最低；同时可使变电所实现智能化甚至是无人化管理，提高供电服务质量和工作效率，减少运行成本，以达到安全、经济、高效运营的目的。

电力监控系统各部分既相互联系,又分工合作执行不同的任务。控制中心电力监控系统主要功能:

(1) 远方监控功能。系统可对被控站内设备顺序全面集中实时监控。

(2) 遥控功能。实现对所内某一开关或装置进行状态控制(单独控制)和对所内和所间一系列开关或装置按预定顺序进行状态控制(程序控制)。

(3) 遥信功能。实现对被控对象的位置信号、事故信号、预告信号进行实时采集并发出声光信号提示报警。

(4) 遥测功能。对供电设备的有关电量(电流、电压、功率、电度等)进行实时检测。

(5) 遥调功能。实现对主变电所内有载调压变压器进行有级调节。

(6) 报警功能。对于系统运行中出现的各类故障、事故、超限信号等,系统用不同的颜色区别显示;根据报警内容适时启动音响警报和灯光警报,语音播报报警内容;系统存储并打印报警信息,以供相关人员分析、处理。

(7) 制表打印功能。系统对调度员的操作、事件发生信息、测量值按时间顺序进行整理统计,形成事件记录。

2. 电力监控系统的硬件结构

电力监控系统的硬件结构可分为电力调度控制中心、远动终端设备及各种辅助的外用接口设备三部分。

(1) 电力调度控制中心

电力调度控制中心由局域网络及传输介质组成,局域网上接有实时服务器、历史服务器、调度操作员工作站、系统维护工作站、打印机及大屏幕投影等设备,并配置 UPS 电源及配套的配电柜,以保证监控设备不间断供电。

(2) 远动终端设备

电力监控系统的执行端也称远程终端设备(RTU),是远动遥控、遥调指令信息的接收与执行部分,也是被控对象遥测、遥信信息的采集和发送部分。

RTU 系统主要包括控制柜、变送器柜和连接电缆三部分,其核心硬件为工控计算机,并配备有数据存储器和各种通信接口。RTU 的内部结构如图 4-25 所示。RTU 分布安装在被控对象的所在地,主要功能是采集牵引变电所内各开关量、电气量的参数并及时上送调度端,执行控制端发来的各种操作命令等。执行端为实现远动系统的各项功能,一般还具备被控对象发生事件的顺序记录、自恢复和自检测功能。

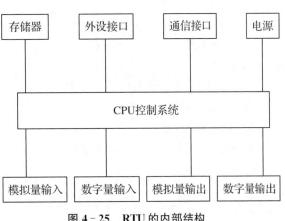

图 4-25　RTU 的内部结构

(3) 外用接口设备

外用接口设备主要是将现场的信号进行变换后输入计算机系统,是电力监控系统的辅助设备。常见的外用接口设备有变送器、A/D(模/数)或 D/A(数/模)转换器等。

单元练习

一、单项选择题

1. 下列不属于城市轨道交通供电系统的是(　　)。

A. 城市电网
B. 外部电源
C. 主变电所
D. 牵引变电系统

2. 下列电压等级属于中压的是(　　)。

A. 36 V
B. 110 kV
C. 35 kV
D. 220 kV

3. 城市轨道交通直流牵引供电系统中电压标称值为 1 500 V 的最高浮动电压为(　　)。

A. 900 V
B. 500 V
C. 1 800 V
D. 1 000 V

4. 站台、站厅公共区的一般照明属于(　　)负荷。

A. 一级
B. 二级
C. 三级
D. 四级

5. 下列哪些设备不属于二级负荷(　　)。

A. 附属房间照明
B. 排污泵
C. 雨水泵
D. 自动扶梯

二、多项选择题

1. 城市轨道交通供电系统的主变电所和牵引变电所的连接方式有哪些(　　)。

A. 环网供电
B. 单边供电
C. 双边供电
D. 辐射型供电

2. 中压环网的供电方式可分为(　　)。

A. 集中式供电
B. 分散式供电
C. 联合供电
D. 混合式供电

3. 车站照明系统分为(　　)控制。

A. 就地级控制
B. 照明配电室集中控制
C. 车控室集中控制
D. 站台控制

4. 电力监控系统的主要功能有(　　)。

A. 远方监控
B. 遥控、遥信、遥测、遥调
C. 报警
D. 制表打印

5. 以下属于 EPS 电源和 UPS 电源区别的是(　　)。

A. UPS 输出的电能质量更好
B. EPS 的供电时间更长
C. UPS 的切换时间更短
D. EPS 的使用寿命更长

三、判断题

（　　）1. 车站照明以荧光灯为主,事故照明采用白炽灯。

（　　）2. 雨水泵控制柜,安装于地下隧道入口雨水泵控制室内,用于隧道入口处雨水泵运行控制。

（　　）3. 车站低压配电系统一般采用 380 V/400 V 三相五线制供电方式。

（　　）4. 二级负荷设备极为重要,二级负荷设备停电,将导致大伤亡事故。

（　　）5. 广告照明属于二级负荷。

（　　）6. 事故照明一般采用交流双电源互为备用供电,一路失电另一路接入电路。

（　　）7. 对车站动力设备的控制可分为就地控制、环控电控室集中控制和车控室集中控制。

（　　）8. 车站大型设备可直接启动。

（　　）9. 城市轨道交通车站照明系统范围为车站降压所变压器后的照明设备、设备及线路,按照照明位置分类分为四类,按照负荷重要性分为三类。

（　　）10. 车站动力照明系统配电变压器二次侧至用电设备之间的低压配电级数不宜超过三级。

四、简答题

1. 简述我国电压等级的分类。

2. 简述城市轨道交通供电系统的连接方式。

3. 集中式供电和分散式供电的优缺点。

4. 简述车站变电所的设置原则。

5. 简述车站负荷的分类和控制要求。

项目五
站台屏蔽门系统

 学习目标

1. 了解屏蔽门系统的分类及特点。
2. 掌握屏蔽门系统的结构及组成。
3. 掌握屏蔽门三种级别控制方式。

项目导学

据不完全统计,北京地铁自 2014 年 1 月至 2016 年 3 月,两年多时间里共发生多达 39 起坠轨事故,发生时间多为早高峰时段,其中无屏蔽门的 1 号线和 2 号线发生坠轨事故次数多达 33 次,5 号线和 13 号线使用的为半封闭屏蔽门。

1987 年新加坡地铁一期和二期首次采用站台屏蔽门系统,也是世界上最早的屏蔽门运行线路。随后,1998 年中国香港机场快线、1999 年马来西亚吉隆坡轻轨、1999 年英国伦敦朱比利延长线等都相继安装了屏蔽门。站台屏蔽门是环控系统气流组织不可缺少的物理屏障,也是事故工况气流导向的重要组成部分。当列车进出站时,屏蔽门系统随着列车车门的开闭而自动同步开闭。设置屏蔽门系统的主要目的是防止人员跌落轨道产生意外事故,为乘客提供一个安全、舒适的候车环境,提高地铁的服务水平。

目前,国际上的美国西屋公司、法国法维莱公司、日本纳博克公司、瑞士 KABA 公司等几家公司在地铁屏蔽门产品的生产上最有经验。地铁屏蔽门系统产品经过在国外十几年的应用,以它较高的可靠性,在世界上越来越多的国家和地区得到应用。

中国大陆第一个应用屏蔽门系统的城市轨道交通系统是 2002 年广州轨道交通 2 号线,随后上海、深圳、天津、北京等城市新建的城市轨道交通线路中得到推广应用。随着地铁屏蔽门的普及和国内多家屏蔽门生产企业的不断努力,我国已经逐渐掌握了站台屏蔽门核心技术,打破了被国外企业垄断的局面,使得我国的地铁屏蔽门产业也逐步进入到世界先进行列。

任务一　站台屏蔽门的门体

地下车站多安装使用站台屏蔽门，站台屏蔽门是设在站台边缘，是应用在城市轨道交通中的一种安全装置，把站台区域与列车运行区域相互隔开的车站机电设备。列车未进站时，站台屏蔽门处于关闭状态，保证乘客候车的安全，防止乘客或工作人员跌落轨道而产生意外事故；当列车进站后，列车车门与站台屏蔽门严格对准后，列车车门与屏蔽门联动开启，以供乘客上下车，待乘降结束后，车门与站台门保持同步关闭。

一、站台屏蔽门系统的功能

使用站台屏蔽门系统的主要优点及功能如下：

（1）站台屏蔽门系统可以防止人和物体落入轨行区、非工作人员进入轨行区，避免因此导致的延迟运营情况的发生。

（2）站台屏蔽门系统可以减少站台区域、轨行区之间气流的交换，降低车站通风与空调系统的运营能耗。

（3）站台屏蔽门系统是车辆和车站基础设施之间的紧急栏障安全系统。

（4）站台屏蔽门系统可以减少列车运行噪声及活塞风对站台候车乘客的影响，改善乘客候车环境。

（5）站台屏蔽门系统在火灾或其它故障模式下，可以配合其它系统联动控制。

（6）站台屏蔽门系统可有效管理乘客，当列车停靠在正确位置后，乘客方可进入列车或站台，保障了乘客和工作人员的人身安全。

站台屏蔽门系统根据结构形式的不同，主要分为封闭式和开放式两大类，如图 5-1 所示。其中封闭式屏蔽门即通常所说的全高屏蔽门，门体结构高度为 2 450 mm 左右，主要安装于地下车站站台，是城市轨道交通车站中最常见的一种，本书中所指的屏蔽门均为此类型屏蔽门。开放式屏蔽门即通常所说的安全门，分为全高开放式屏蔽门（全高安全门）和半高开放式安全门（半高安全门或安全门）两种，半高安全门门体结构高度 1 500 mm 左右，起到安全和隔离作用，适用于没有安装空调系统的站台，主要安装于地面站或高架站站台。目前新建的城市轨道交通线路地下车站都已经开始安装屏蔽门，老线路的地下车站半高安全门也逐渐启动改造工程。

图 5-1　屏蔽门的形式

二、站台屏蔽门的组成

站台屏蔽门(Platform Screen Doors,PSD)是以玻璃幕墙形式安装在站台边缘外侧,将站台与轨行区分隔开,形成一道不间断的屏障。当列车停靠车站时,列车车门与相对应的屏蔽门同时开启,乘客有序地上下列车。在列车车门关闭时,屏蔽门同步关闭,只有屏蔽门关闭完成后才允许列车出发。

站台屏蔽门系统的门体结构如图 5-2 所示。

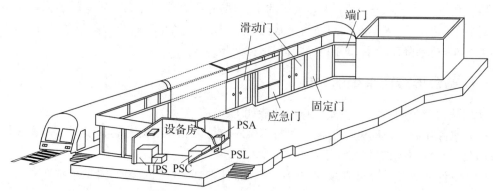

图 5-2 站台屏蔽门系统的门体结构

1. 滑动门

滑动门(Automatic Sliding Door,ASD)一般为双扇对称结构(第一扇为非对称),数量与车门数量一致。正常情况下,滑动门开/关由门控单元(Door Control Unit,DCU)控制门机驱动结构操作。非正常情况下,司机可以通过站台端头就地控制盘(Local Control Panel,PSL)开关屏蔽门,就地控制盘如图 5-3 所示。紧急情况下,在轨行区侧的乘客可操作设置在门扇的轨道侧应急把手手动开门,在站台侧的工作人员可使用专用钥匙手动开门。

图 5-3 就地控制盘 PSL 和非标准滑动门

标准滑动门全开后所形成通道规格宽度不小于 1 900 mm,每扇滑动门行程 950 mm。在第一道和最后一道门的结构设计中,为避免遮挡列车门,采用非标准滑动门,一扇门开度 950 mm,一扇门开度 750 mm,如图 5-3 所示。左右滑动门中间竖框上装有互相啮合的橡胶条,用于密封和防夹。双扇滑动门轨道侧示意图如图 5-4 所示,轨道侧设有手动解锁装置,站台侧设有钥匙开关,紧急情况下,允许乘客手动打开滑动门,其原理是:乘客扳动解锁把手,解锁机构顶起在门框内的顶杆,顶杆顶起手动解锁装置底部的圆盘,带动锁紧装置而使门锁解锁。同时,手动解锁行程开关触发,所发出的信号传递给门机控制器(DCU),滑动门(ASD)声光报警装置报警。经过数秒后,重新恢复通电,滑动门自动关闭。当 DCU 接收到一个"门关闭并锁紧"的信号后,门机控制器才恢复到正常的工作模式。关门使解锁装置自动复位并锁紧门,滑动门恢复至安全状态。为便于乘客辨认和操作手动解锁装置,在滑动门框背面设有醒目操作标识,以提醒乘客正确操作。

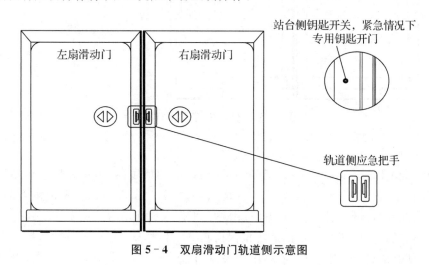

图 5-4　双扇滑动门轨道侧示意图

2. 固定门

固定门(Fixed Panel,FP)设置在滑动门与滑动门、滑动门与端门之间,在站台公共区与轨行区之间起隔离作用的一种门体,固定门是不能打开的。为提高通透效果,固定门采用整体结构。门体与周边立柱、门楣、门槛之间采用橡胶条密封。门体玻璃设置必要防撞标识,边缘采用丝网印刷黑色彩釉装饰边框。

3. 应急门

应急门(Emergency Egress Door,EED)可隔断站台和轨行区,有门锁装置。列车正常运营时,应急门应保证关闭且锁紧。在紧急情况下允许手动打开,站台工作人员在站台侧可用钥匙打开应急门,或由列车司机通过广播指导乘客按压推杆锁,打开应急门,轨道侧示意图如图 5-5 所示。应急门设置原则如下:当列车未能在站台停车精度范围内时,至少有一道列车客室门对着一道应急门,门扇推向站台方向旋转 90°对开,并能保持在 90°开度,不自动复位。

应急门左右扇门分别有两个行程开关,其中一个行程开关采用顶杆式结构,用于检测门扇是否锁闭,另一个行程开关采用摆臂式结构,用来检测门扇是否到位。每个开关都具有多对常开、常闭触点。门体碰触开关摆臂,使该触点断开;门扇打开时,摆臂恢复自由状态,使该触点接通。同时,检测信号传至相邻单元门机控制器,门机控制器处理后传至中央控制盘(PSC),再由中央控制盘上传到综合监控系统(ISCS)进行显示和报警。应急门锁闭信号纳入安全回路。

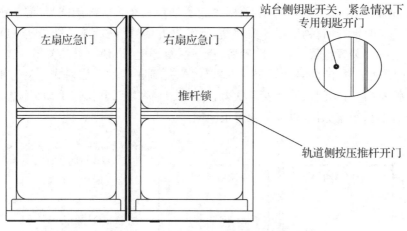

图 5 - 5　应急门轨道侧示意图

4.端门

端门（Manual Secondary Door，MSD）即站台两端的单扇门体，主要用于车站工作人员在站台和轨行区之间的进出，正常情况下关闭且锁紧，紧急情况下作为疏散乘客的通道，有门锁装置，可从轨行区侧按压推杆打开，或由站台工作人员在站台侧用专业钥匙打开。

端门可向站台侧旋转 90°打开，能定位保持在 90°开度，未在全开位置时，端门能自动复位至关闭。状态信息送到中央控制盘，由中央控制盘上传到 ISCS 并显示。端门开启时间超过 30 秒时报警。在端门上方也设置有门状态指示灯，开启时指示灯亮，关闭且锁紧时指示灯灭。端门的开关不纳入屏蔽门系统的安全回路。站台屏蔽门系统实物如图 5 - 6 所示。

图 5 - 6　站台屏蔽门实物图

任务二　站台屏蔽门系统的结构

站台屏蔽门系统主要由机械和电气两部分组成，系统组成如图 5 - 7 所示。机械部分主要包括门体结构和门机系统。电气部分主要包括控制与监视系统和电源系统。

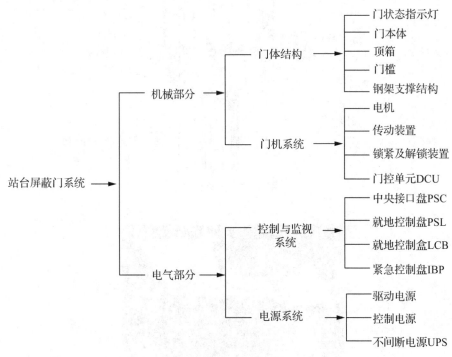

图5-7 屏蔽门系统组成

一、门体结构

站台屏蔽门系统的门体结构为整体机械结构,如图5-8所示,除了包括滑动门、固定门、应急门、端门外,还包括顶箱、门槛、钢架支撑结构等。

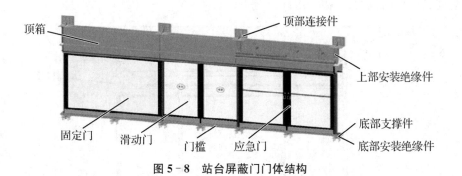

图5-8 站台屏蔽门门体结构

顶箱是位于屏蔽门上方盖板中,起连接保护作用的结构,其结构如图5-9所示。由顶箱活动前盖板、门机梁、顶箱固定前盖板、顶箱后盖板等组成,内部设置有门单元驱动机构、门锁装置、门机控制器(DCU)、端子排、导轨、滑轮装置、门机梁等部件。顶箱固定前盖板、活动前盖板、门机梁、顶箱后盖板形成密封顶箱内腔。

门槛即是踏步板,分为固定门门槛、应急门门槛、端门门槛和滑动门门槛。所有门槛均采用铝合金材料,采用防滑设计,满足耐磨、防滑、安装拆卸方便等要求,如图5-10所示。

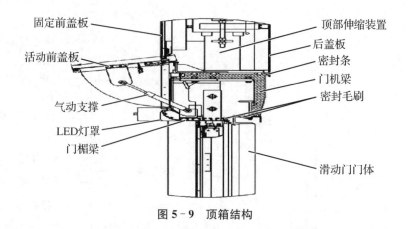

图 5-9　顶箱结构

固定前盖板
活动前盖板
气动支撑
LED灯罩
门楣梁

顶部伸缩装置
后盖板
密封条
门机梁
密封毛刷

滑动门门体

图 5-10　站台屏蔽门门槛

钢架支撑结构是系统的承重结构,由底部支撑、门体框架、门机梁、顶部结构等刚性连接,形成一个整体受力框架,如图 5-11 所示,钢架结构主要组成部分有上部预埋件、下部预埋件、立柱、横梁、门机梁、门槛等部件。

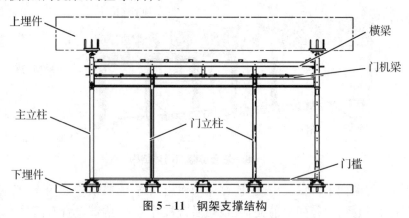

上埋件
主立柱
下埋件
横梁
门机梁
门立柱
门槛

图 5-11　钢架支撑结构

二、门机系统

站台屏蔽门系统的门机系统是滑动门的操作机构,安装在门体结构的顶箱内,主要由驱动装置、锁紧装置、门机控制器(DCU)、传动装置等组成。每侧站台的 DCU 采用总线与就地控制盘连接,构成分布式控制网络,在 DCU 得到指令后驱动。每道滑动门单元均有一套电磁式门锁紧装置,闸锁上装有四个开关,两个用于检测是否已经可靠闭合锁闭,另外两个用于检测滑动门是否通过手动解锁装置打开过。屏蔽门传动方式一般分为皮带传动和丝杆传动,动力来源是直流无刷电机,其转轴与减速箱直接相连,关门时一般经过加速、速度保持、减速、低速保持、制动五个阶段。两种传动方式比较见表 5-1。

1. 皮带传动

皮带传动又称同步齿形带,如图 5-12 所示。直流无刷电机在 DCU 的指令下,通过减速箱与齿形皮带啮合,连接在皮带上的挂件,通过滚轮拖板带动吊挂的滑动门进行开/关门操作,通过闸锁上的凸轮触发行程开关进行滑动门的锁闭,并将状态信息反馈给 DCU。反向轮侧设置了张紧调整装置,便于定期进行皮带松紧调整维护;皮带挂件可左右任意调节位置,方便左右滑动门位置校准。

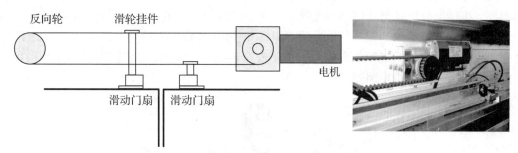

图 5-12　滑动门皮带传动

皮带传动特点如下:

(1) 采用重载荷同步齿形带,正向啮合驱动,保证两扇门同步稳定运行。

(2) 皮带张紧力可调,皮带材质耐磨、阻燃、无毒。满足运行 12 个月检查一次张紧力,皮带使用寿命为 8 年。

(3) 皮带夹紧装置和皮带轮与齿形带相匹配,滑动门门体与皮带之间刚性连接,在运行中不得发生打滑或弯折现象。

2. 丝杆传动

丝杆传动是利用丝杆两端的左旋螺纹和右旋螺纹完成开/关门,如图 5-13 所示。带减速箱的无刷直流电机接收 DCU 指令后驱动丝杆转动,丝杆转动时带动丝杆上对称的传动螺母,驱动安装在滑动门上的悬挂装置左右运动,完成开/关门操作,并将状态信息反馈给 DCU。

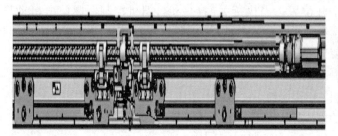

图 5-13　滑动门丝杆传动

丝杆传动特点如下：

(1) 丝杆与螺母之间有良好的润滑油脂，且润滑油脂应为防火型。

(2) 丝杆与螺母采用非自锁螺纹，螺旋副配有预紧及间隙调整装置。

(3) 丝杆传动可靠性高，实际使用寿命不低于 10 年。

表 5 - 1　两种传动方式比较

类型	传动方式	主要部件	主要特点
滑动门	皮带式	同步齿形带	容易调节、免维护，皮带寿命影响系统使用寿命，控制精度比丝杆式低。
	丝杆式	滚珠螺杆	精度高、安装简单、故障率低、维修工作量小，部件磨损超过限值后需整体更换。

站台屏蔽门系统滑动门锁紧急解锁装置即门锁，如图 5 - 14 所示。包括机械部分和电子部分。机械部分保证滑动门运行至锁定位置后能够锁定。电子部分保证能够通过行程开关将滑动门的状态反馈到每个门单元的 DCU。锁紧及解锁装置提供单道滑动门的关闭、锁紧、全开三种状态，并将三种状态提供给锁闭安全回路使用，也能够将该道滑动门当前的状态反馈至该道门的门机控制器。

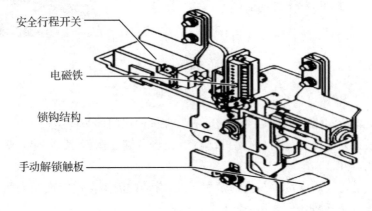

安全行程开关

电磁铁

锁钩结构

手动解锁触板

图 5 - 14　滑动门锁紧及解锁装置

3. 门机控制器

当收到开门信号后，门机控制器 DCU 驱使电磁铁通电，磁场力将锁钩拉起，实现解锁，行程开关被触发，左右滑动门背向运动，脱离锁钩约束。此时电磁铁断电，到位开关已处于开门状态，滑动门继续运动至门全开位置。当执行关门命令时，门机控制器驱使电机动作，两扇滑动门相向运动，在门关闭位置处锁销滑入锁钩啮合锁闭，行程开关被触发，发出"门到位且锁定"信号。在自动锁定和解锁过程中，行程开关的常闭触点将滑动门的锁闭状态反馈给 DCU，经 DCU 处理后传到中央控制盘 PSC，再由 PSC 上传至综合监控系统 ISCS 进行显示和报警。

门机控制器(Door Control Unit,DCU)是滑动门电机的控制装置，全高屏蔽门 DCU 安装在顶箱内，由 1 个 DCU 控制 1 个电机。每对滑动门单元配置一个 DCU，通过控制直流无刷电机，带动两对滑动门进行开关运动。半高安全门每对滑动门单元配置一个门

DCU,安装在固定侧盒中,由 1 个 DCU 控制 2 个电机,带动左右两对滑动门进行开关运动。

DCU 硬件接口示意图如图 5-15 所示,正面设置有钥匙开关、手动控制开关、蜂鸣器,侧面有各类接口,包括就地控制盒(Local Control Box,LCB)输入接口、单元控制器(Platform Element Door Controller,PEDC)现场总线接口、就地控制盘 PSL 及综合后备盘 IBP 集合单元控制器 PEDC 的开关门信号接口、门锁单元驱动及检测信号接口、驱动检测电机信号接口、顶箱警示灯 DOI 接口以及外接便携式检测设备 PTE 调试维护接口。霍尔传感器可以将电动机转动位置信息反馈给 DCU,DCU 采用 PWM 驱动,内部设置电动机电流检测元件,既可构成电流环控制,也可用于障碍物检测。

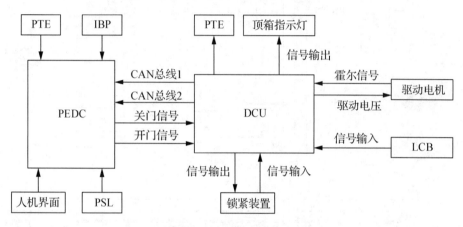

图 5-15 DCU 硬件接口示意图

滑动门 DCU 采用双 CAN 总线的冗余式连接,当一路总线发生通信故障时,系统自动切换到另一路,使整个系统的通信正常进行。PEDC 与继电器组以硬线的方式连接,向滑动门 DCU 提供开/关门指令及采集锁闭信号。

三、控制与监视系统

站台屏蔽门控制与监视系统主要是与信号系统进行信息交换,对屏蔽门的开/关门进行控制,保证屏蔽门的开/关门与列车车门同步,同时监视以及记录屏蔽门状态信息。

1. 站台屏蔽门控制与监视系统的组成

站台屏蔽门控制与监视系统如图 5-16 所示,控制与监视系统主要由中央控制盘(Platform Station Controller,PSC)、站台端头控制盘(Platform Screen Door Local Control,PSL)、车站综合后备盘(Integrated Backup Panel,IBP)、门机控制器 DCU、就地控制盒 LCB 及屏幕操作指示盘(Platform Screen Doors Alarm,PSA)等设备组成。滑动门 DCU 通过 CAN 总线将每个滑动门、应急门、端门的状态上传给 PEDC,PEDC 处理后,上传至 ISCS。PEDC 与继电器之间通过硬线的方式连接,向滑动门提供开/关门指令以及采集滑动门的锁闭信号,而不是使用总线控制,主要是从安全性和可靠性来说,硬线直接控制比总线更为可靠。

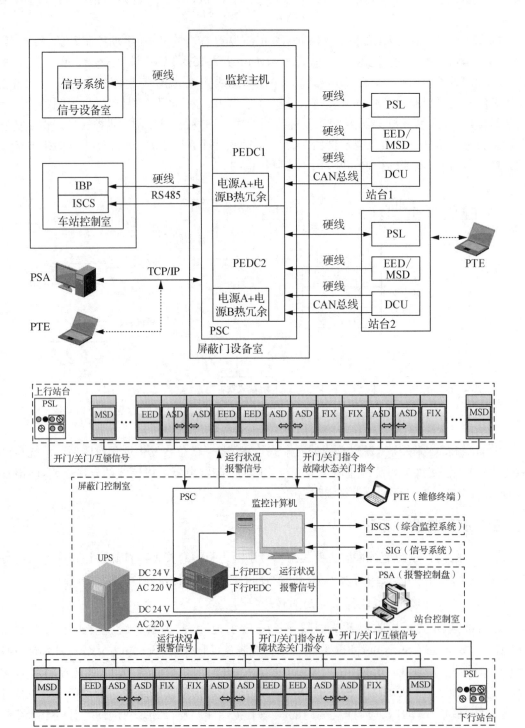

图 5 - 16 站台屏蔽门控制与监视系统

2. 滑动门控制等级分类

站台屏蔽门系统滑动门操作,根据操作方式和操作位置,可分为系统级控制(PSC控制或SIG控制)、站台级控制(PSL控制)、车站级控制(IBP控制)和就地级控制(LCB和手动解锁)。不同的解锁方式对应站台屏蔽门系统不同工况下的运行模式,即正常运行模式(系统级控制)、非正常运行模式(车站级控制、站台级控制和就地级控制)、紧急运行模式(车站级控制)。

按优先级顺序从低到高依次为系统级控制、站台级控制、车站级控制、就地级控制。控制等级如图5-17所示。

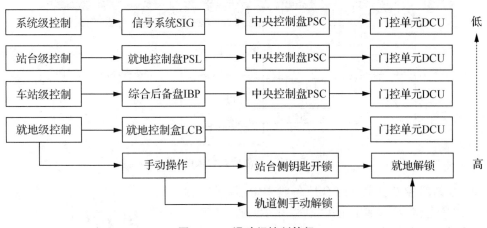

图5-17 滑动门控制等级

(1)系统级控制。 系统级控制为正常运行模式,如图5-18所示。当列车正确停靠站台时,站台屏蔽门系统接收列车自动控制系统(Automatic Train Control,ATC)发来的开门指令,PSC通过硬线安全回路向每个门单元的DCU发送开门指令,DCU接收到开门指令后,按顺序自动执行解锁、开门等操作,滑动门打开过程中,顶箱警示灯亮起,同时发出声音提醒乘客注意。当乘客乘降结束后,列车需要离开站台时,司机按下关门按钮,PSC通过硬线安全回路向每个门单元的DCU发送关门指令,DCU接收到关门指令后,按顺序自动执行关门、锁闭等操作,当所有滑动门都关闭且锁紧后,站台屏蔽门系统向信号系统发出信号,允许列车离站。滑动门关闭过程中,顶箱警示灯亮起,同时发出声音提醒乘客注意。

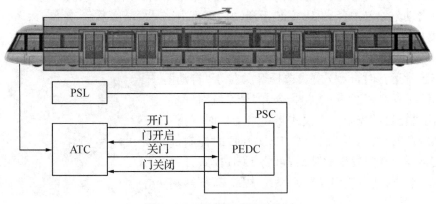

图5-18 屏蔽门系统级控制

（2）站台级控制。也称就地控制盘 PSL 控制，如图 5-19 所示。当信号系统发生故障或屏蔽门自控系统故障时，系统级控制不能打开或关闭滑动门，此时由司机或站台工作人员在就地控制盘上对滑动门进行开/关门。当个别滑动门无法关闭且锁紧时，司机或站台工作人员在确定没有夹人夹物的情况下，通过专用钥匙操作 PSL 上的"互锁解除"开关，向信号系统发送允许列车离站信号，此时顶箱警示灯停止声光报警。

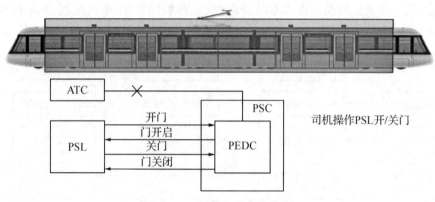

图 5-19 屏蔽门站台级控制

（3）车站级控制。也称综合后备盘 IBP 控制，在车站紧急情况下，如发生火灾时，在车站控制室将 IBP 盘上的钥匙开关打至允许位，按下屏蔽门开启按钮，打开上行或下行整侧滑动门，如图 5-20 所示。在此模式下，信号系统与 PSL 对站台屏蔽门的控制信号被旁路，无法控制屏蔽门。需要注意的是，IBP 盘只能打开屏蔽门，不具有关闭功能。关闭屏蔽门应将 IBP 盘上打回禁止位，站台采取 PSL 关闭或现场手动关闭。

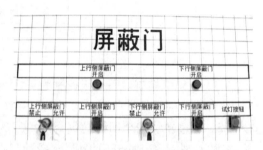

图 5-20 IBP 盘屏蔽门操作区域

（4）就地级控制。也称手动操作，是站台工作人员或乘客对屏蔽门进行手动操作，包括 LCB 和手动操作。当单个滑动门故障时，可以通过 LCB 隔离该门单元，使该门与整个系统脱离。当站台屏蔽门系统出现控制故障时，可以人工开启滑动门、应急门与端门。

每对滑动门配置一套 LCB，安装于滑动门楣下方。LCB 模式开关有自动、隔离、手动开、手动关 4 档可选择，如图 5-21 所示。

列车正常运营时，LCB 模式选择开关位于"自动"模式，DCU 接收 PSC 的开/关门指令，信号系统对屏蔽门开/关门进行自动控制。当模式不在自动位时，与整个控制系统隔离，信号系统、PSC、PSL、IBP 的控制都失效。当某对滑动门发生故障时，可将 LCB 模式开关置于"隔离"状态，使得该门从整个系统中隔离，不影响列车的正常运营。

图 5-21 LCB 模式选择开关

四、电源系统

1. 站台屏蔽门电源系统的组成

站台屏蔽门系统的设备房内设置有驱动电源柜、电池柜、配电柜和控制电源柜,共同组成了站台屏蔽门系统的电源设备柜,如图 5－22 所示。其中驱动电源柜主要有驱动电源 UPS 主机、整流模块、监控模块组成;电池柜主要放置蓄电池组;配电柜设置有隔离变压器、驱动电源交流配电设备;控制电源柜里设置有控制电源 UPS 主机、整流模块、监控模块、电池及配电设备。

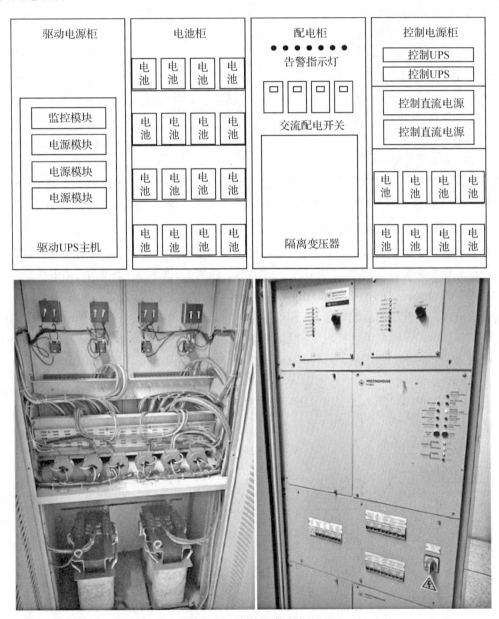

图 5－22 屏蔽门电源设备柜

《城市轨道交通站台屏蔽门系统技术规范》(CJJ 183－2012)中对电压型他做出了明确的规定：

（1）屏蔽门系统必须按一级负荷供电，必须设置备用电源。

（2）驱动电源和控制电源的供电回路宜相互独立设置。

（3）驱动电源的后备电源容量应符合完成 30 min 内本站全部滑动门开关 3 次的需要，控制电源的后备电源容量应符合系统满负载持续工作 30 min 的需要。

2. 站台屏蔽门与钢轨等电位连接

站台屏蔽门以及地板与列车车体之间存在电位差，当人体跨越车门时，与两者接触可能会被电击，为了保证乘客的人身安全，一般将站台屏蔽门门体与钢轨等电位单点连接，如图 5－23 所示，同时在乘客进出的站台前铺设绝缘橡胶或

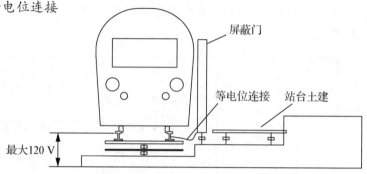

图 5－23 站台屏蔽门门体与钢轨等电位连接

在站台大理石地板下铺设绝缘膜。在城市轨道交通供电系统中，由于钢轨是供电线路负极的回流部分，所以屏蔽门供电系统中需采用隔离变压器，以便完全隔离车站配电地。

3. 站台屏蔽门电源系统的分类

站台屏蔽门系统的进线电源为两路三相交流电，一路为主供电，一路备用供电。两路电源通过双电源切换装置自动切换，正常状态下由主路电源供电，当主路电源断电、相电压过压、欠压或缺相时，经延时后自动切换到备用电源供电，当主路恢复正常后再自动返回主路供电。输入的交流电经隔离变压器后输入给 UPS 和整流电路，整流电路将 380 V 交流电整流为 110 V 直流电供给屏蔽门驱动电机。控制电源 UPS 输出一部分给 PSC 设备提供 220 V 交流电，另一部分经过 AC/DC 整流模块整流成 24 V 直流电后给屏蔽门控制设备供电，如图 5－24 所示。

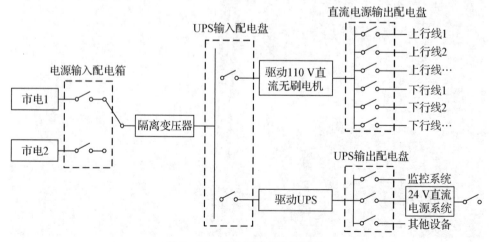

图 5－24 站台屏蔽门电源系统

站台屏蔽门兄弟电源分为驱动电源和控制电源两部分,驱动电源主要对门机供电,采用直流 110 V 供电,具有过压、过流和过载保护,同时还能对电源参数和报警信息监测和记录。控制电源主要对 DCU、PSC、PSL、IBP 和接口等提供交流 220 V 和直流 24 V 供电。驱动电源部分的供电有两种方式,一种是直流供电方式,即在屏蔽门电源设备室进行集中整流再分配到各个门机。另一种是交流供电方式,即在每个门单元处进行分散整流。南京地铁 2 号线采用的是美国西屋(Westinghouse)公司的交流供电方式。

不间断电源(Uninterrupted Power Supply,UPS)是将铅酸蓄电池组与逆变器等模块相连,将直流电转换为市电的设备,可以为重要设备提供稳定、不间断的电力供应。当市电输入时,UPS 将市电稳压后供给负载使用,此时 UPS 是一台稳压器,同时给蓄电池组充电,如图 5 - 25 所示;当市电中断时,UPS 将蓄电池组的直流电能逆变为稳定的 220 V 交流电,使负载正常工作并保护负载硬件不受损坏,如图 5 - 26 所示。

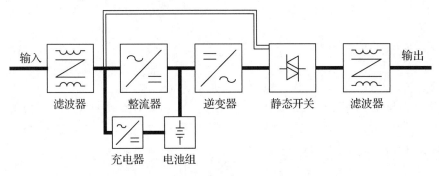

图 5 - 25　正常供电时 UPS 工作原理示意图

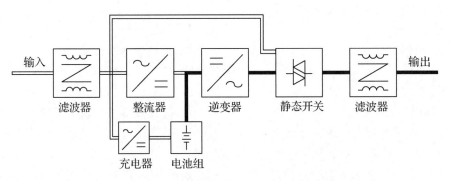

图 5 - 26　市电中断时 UPS 工作原理示意图

单元练习

一、单项选择题

1. 双扇(　　)的数量应与列车车门数量一致,位置对应。

A. 固定门　　　　　　　　　　　　　　B. 滑动门

C. 应急门　　　　　　　　　　　　　　D. 端门

2. 正常运行模式下,由( )对屏蔽门进行开/关门控制。

A. 手动操作   B. 站台级操作

C. 车站控制   D. 系统控制

3. 门机系统皮带传动的优点有( )。

A. 精度高   B. 免维护

C. 故障率低   D. 维修工作量小

4. 以下对屏蔽门控制,优先级最高的是( ),优先级最低的是( )。

A. SIG   B. IBP

C. PSL   D. 手动操作

5. 滑动门 DCU 通过( )将每个滑动门、应急门、端门的状态上传给 PEDC,PEDC 处理后上传至 ISCS。

A. CAN 总线   B. 硬线

C. 电缆   D. 光纤

二、多项选择题

1. 以下属于站台屏蔽门的优点的是( )。

A. 防止人和物体落入轨行区   B. 降低车站通风与空调系统的能耗

C. 改善候车环境   D. 火灾模式下,与其它系统联动

2. 站台屏蔽门系统可分为( )。

A. 门体结构   B. 门机系统

C. 控制与监视系统   D. 电源系统

3. 站台屏蔽门门机系统传动方式主有( )。

A. 皮带传动   B. 丝杆传动

C. 螺杆传动   D. 曲柄传动

4.《城市轨道交通站台屏蔽门系统技术规范》(CJJ 183 - 2012)中对电压型他做出了明确的规定( )。

A. 屏蔽门系统必须按一级负荷供电   B. 需设置备用电源

C. 驱动电源和控制电源独立设置   D. 后备电源应满足系统工作 30 min

5. 以下属于屏蔽门和钢轨等电位连接原因的是( )。

A. 屏蔽门与车体之间存在电位差   B. 跨越车门时接触屏蔽门可能会触电

C. 为了节能   D. 屏蔽门安装更加稳定

三、判断题

( )**1.** 地下车站多使用半高安全门,地面站和高架站多使用全高屏蔽门。

( )**2.** 应急门门扇向站台 90°对开,并能保持在 90°开度,不自动复位。

( )**3.** 端门可向站台侧旋转 90°打开,能定位保持在 90°开度,未在全开位置时,端门能自动复位至关闭。

( )**4.** 滑动门关闭过程中如遇到障碍物时会通过 3 次减速的检测功能,检测是否有障碍物的存在,如果第三次探测到障碍物仍然存在后,DCU 会发停止命令,马上停止滑动门

的运动状态。

（　　）5. 全高屏蔽门所有的门上方盖板上均有门头指示灯,当开门或关门时指示灯会有不同状态的显示。

（　　）6. 安全门可以接受远程操作和被驱动而执行开门和关门命令,而通过这个功能可以响应来自控制着列车运动的信号系统的命令。因此安全门在信号系统的控制期间只有列车停下来时才被打开,而在关闭且锁紧后列车才允许离开。

（　　）7. 在信号系统失效时,使用 PSL 来取得门的控制权。每个 PSL 都位于安全门的站台侧端门外,并在列车正确停靠时与驾驶室并列,每侧站台只有一个 PSL。

（　　）8. 屏蔽门的模式开关是门状态控制开关,可分为 4 个不同的状态正常操作状态、隔离状态、手动开门状态、手动关门状态。

（　　）9. 两个全高屏蔽门门单元控制器 PEDC 安装在不同的 PSC 机柜内。

（　　）10. 全高屏蔽门门单元控制器(PEDC)面板的 ASD 开门失败指示灯(红色),滑动门开门失败时指示灯亮。

四、简答题

1. 简述站台屏蔽门的特点及功能。

2. 简述屏蔽门系统各种门体组成。

3. 简述屏蔽门系统的结构组成。

4. 简述两种门机传动方式优缺点。

5. 简述几种滑动门开门方式及优先级。

项目六

自动扶梯与垂直电梯

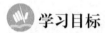 学习目标

1. 了解地铁车站自动扶梯、垂直电梯及轮椅升降机的基本结构。
2. 掌握地铁车站自动扶梯、垂直电梯的工作原理。
3. 掌握地铁车站轮椅升降机的基本操作。

项目导学

2011 年 7 月 5 日,北京地铁四号线动物园站 A 口上行自动扶梯发生设备故障,原本上行的电梯突然发生倒转,梯级下滑,导致踩踏事件的发生,经造成 1 人死亡,2 人重伤,26 人轻伤。

2010 年 12 月 14 日,深圳地铁一号线国贸站内一台自动扶梯因驱动主机的固定支座螺栓松脱,使主机移位,驱动链条脱离链轮,上行的扶梯发生下滑,造成 25 名乘客受伤。

2017 年 3 月 23 日,苏州地铁一号线临顿路站内一台自动扶梯因异物卡入扶梯导轨系统,触发扶梯应急保护装置发生紧急制动,导致数级梯级翻起脱落,所幸未造成人员伤亡。

城市轨道交通车站电梯系统主要包括自动扶梯、垂直电梯以及轮椅升降机等。担负着运送大量客流的任务,对客流的疏散起到了重要作用,是城市轨道交通不可或缺的系统之一。

在站厅和站台间根据车站远期客流量设置上下行自动扶梯。出入口处根据客流量设置上下行自动扶梯或只设置上行自动扶梯。车站内还设置有垂直电梯,以满足残疾人等特殊人群的需要。除此之外,部分车站还设置有轮椅升降机,由站务人员的操作,供轮椅使用者上下楼梯。

任务一　自动扶梯

自动扶梯是指带有循环运动梯路向上或向下倾斜输送乘客的固定电力驱动设备。这一概念最初于 1859 年被提出,直到 1896 年,人们才制造出第一台自动扶梯。自动扶梯作为一种方便快捷的运输工具,使用率呈现上升趋势,已在大多数城市轨道交通车站中应用。

一、自动扶梯的特点

自动扶梯又称电扶梯,是指带有循环运动梯路向上或向下输送乘客的固定电力驱动设备。自动扶梯是一种特种设备,作用对象为乘客,所以安全性尤为重要。对于地下车站,浅埋式车站站厅一般位于地下 5~7 m,深埋式车站站厅甚至 7~10 m,自动扶梯的出现使得乘客乘降舒适度大大提升。当列车到达后,自动扶梯能够将乘客快速疏散。常见的自动扶梯分类如表 6-1 所示。

表 6-1　自动扶梯分类

序号	特征	分类名称
1	驱动装置安装位置分类	端部驱动
		中间驱动
2	扶梯梯路类型分类	直线形
		螺旋形
3	使用条件分类	普通型
		公共交通型
4	提升高度分类	小高度,6 m 以下
		中高度,6~20 m
		大高度,20 m 以上
5	运行速度分类	恒速扶梯
		可调速扶梯
6	传动类型分类	牵引链条
		牵引齿条
7	扶手外观分类	全透明扶手
		半透明扶手
		不透明扶手
8	水平梯级数分类	K 型,$n=2$,用于 $H \leqslant 6$ m,$v \leqslant 0.5$ m/s
		M 型,$n=3$;
		L 型,$n=4$,$H > 6$ m,$v > 0.5$ m/s;

相比于垂直电梯,自动扶梯具有连续输送乘客的功能,能够在短时内输送大量乘客,其特点如下:

(1) 与垂直电梯相比,自动扶梯输送能力大,可连续运送乘客,特别适合车站、商场等大量人流汇聚和疏散的场所。

(2) 自动扶梯可以上下行都可运转,即时停电或故障时,也可以作为普通扶梯使用。

(3) 自动扶梯造价较高,运动部件间隙容易夹人夹物。

(4) 运行速度较快时,容易使人倾倒。

（5）自动扶梯属于特种设备,对安全性要求较高,应定期维检修。

二、自动扶梯的结构

自动扶梯是在电动机驱动传动齿轮的带动下,通过牵引链条拖动梯级循环运动形成梯路。梯路中的各梯级应保持水平,以供乘客站稳,扶梯两侧装有与梯路同步运行的扶手装置,以供乘客扶握。

自动扶梯主要由桁架、梯级、裙板、驱动链、梯级链、减速机、电动机、主驱动装置、梯级链张紧装置、导轨、扶手带驱动装置、扶手带、梳齿板、控制箱、安全装置等组成。其结构如图6-1所示。

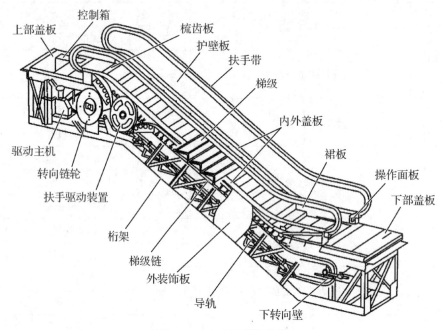

图6-1　自动扶梯的结构

1. 桁架

自动扶梯的桁架是安装和支撑自动扶梯的各个部件,承受各种载荷以及将建筑物两个不同层高的地面连接起来。端部驱动及中间驱动自动扶梯的梯路驱动装置、张紧装置、导轨系统及扶手装置等安装在桁架上。

小提升高度自动扶梯的桁架通常采用双支座。大、中提升高度自动扶梯的桁架常由多段结构组成,设置三个或三个以上支座,以保证桁架有足够的刚度。除驱动段与张紧段,还有若干中间结构段。中间结构段的下弦杆的节点支撑在一系列的水泥墩上,形成多支撑结构。

为了避免自动扶梯桁架和建筑物直接接触,以防振动与噪声的传播在支撑桁架的支座下衬以减振金属片,将桁架与建筑物隔离开来。桁架与地面之间的空隙用弹性充填物填满。

2. 梯级

梯级是组成梯路的主要部件,是供乘客站立的特殊结构的4轮小车,其中一对为主轮,一对为辅轮,其结构如图 6-2 所示。梯级主轮的轮轴与牵引链条固定在一起,而辅轮轮轴则不与牵引链条连接,直接装在梯级支架短轴上。全部的梯级的主轮轮轴与梯级链连接在一起,形成梯路。梯级是自动扶梯中数量最多的部件,一台小提升高度自动扶梯梯级有 50～100 只,大提升高度自动扶梯梯级多达 600～700 只,由于梯级数量众多,又是经常运动的部件,因此一台自动扶梯的质量很大程度上取决于梯级的结构和质量。为方便乘客登梯,梯级在乘客入口处做水平运动,以后逐渐形成阶梯。在出口处梯级再度做水平运动。

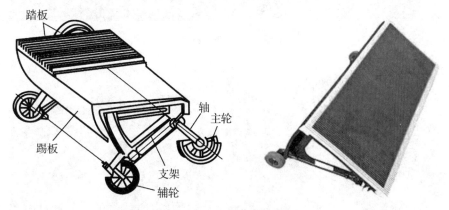

图 6-2 梯级的结构

梯级由踏板、踢板、支架、辅轮等部分组成,对梯级几何尺寸影响较大的是主轮与辅轮之间的距离,称为基距。一般分为短基距、中基距、长基距三种。短基距梯级制造方便,能减小牵引链轮直径,使自动扶梯结构紧凑。但是基距缩短会使得梯级不够稳定,乘客在梯级边缘上的微小跳动,很容易引起梯级围绕辅轮轮轴转动。采用长基距梯级可以避免这一缺点,使梯级运转平稳。但是,长基距梯级尺寸较大,自重增大,加大了牵引链轮的直径,从而使整个自动扶梯结构加大。中基距梯级兼有上述两种梯级的优点,我国生产的自动扶梯采用中基距梯级。

在梯级踏板表面有凹槽,除用作防滑外,还能使梯级顺利通过上、下出入口时,能嵌入梳齿板中,以保证乘客安全上下。踢板是梯级的圆弧面,作用是可以保证两梯级在倾斜运行过程中保证间隙一致。梯级踢板表面也有凹槽,这样可以使后一个梯级踏板的齿嵌入前一个梯级踢板的齿槽内,使各梯级间相互进行导向。梯级车轮是自动扶梯承受负载的重要部件,工作时转速并不高,但工作载荷却很大。决定车轮寿命的主要因素是车轮轮圈的材料和轴承,而改进轮圈材料可以降低运行阻力。橡胶轮圈可使梯级运转平稳,减少噪声。

梯路是自动扶梯的输送线路,主要包括梯级、梯级链、导轨、上下转向壁等部件。梯路分为上分支和下分支,上分支为工作分支,下分支为非工作分支。其中上分支主要由倾斜直线段、上下曲线段、上下水平段等组成。

3. 牵引构件

牵引构件是传递牵引力构件,目前常用的有两种形式:一种是采用牵引链条,驱动装置安装于上分支水平直线区段的末端,如图 6-3 所示。另一种是牵引齿条,其驱动装置安装于倾斜直线段上下分支中间,如图 6-4 所示。一台自动扶梯由两根闭合环路的牵引链条(牵引齿条)来完成传递牵引力的传送。

图 6-3　牵引链条

图 6-4　牵引齿条

4. 梯路导轨系统

自动扶梯的梯级沿着桁架内按一定要求设置多根导轨运行,形成阶梯。自动扶梯的梯路导轨系统主要包括主轮和辅轮的全部导轨、反轨、导轨支架及转向壁等,如图 6-5 所示,导轨系统的作用是支撑由梯级主轮和辅轮传递来的梯路载荷,保证梯级按一定的规律运动并防止梯级跑偏等。

导轨有主轮导轨和辅轮导轨,是梯级主轮与辅轮运行的受载导轨。反轨也有主轮反轨和辅轮反轨,位于主、辅轮的上方,防止主、辅轮上跳。

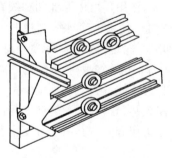
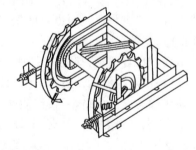

图 6-5　导轨和转向壁

当牵引链条通过驱动端牵引链轮和控制张紧端的张紧链轮转向时,梯级主轮已不需导轨及反轨了,该处是导轨及反轨的终端。该导轨的终端不允许超过链轮的中心线,同时,应制成喇叭口。但是辅轮经过驱动端与张紧端时仍然需要转向导轨。这种辅轮终端转向导轨做成整体式的,即为转向壁,转向壁将与上分支辅轮导轨和下分支辅轮导轨相连接。中间驱动装置安装在自动扶梯的中部,在驱动端和张紧端都没有链轮。梯级主轮行至上、下两个端部时,也需要经过如辅轮转向壁一样的转向导轨。这两个转向轨道通常各由两段约为 1/4 弧段长的导轨组成。

5.动力驱动装置

自动扶梯的动力驱动装置是将动力传递给梯路系统及扶手带系统。一般由电动机、减速器、制动器、传动链及驱动主轴等组成。在自动扶梯中主要有两种安装位置,分别为端部驱动装置和中间驱动装置,安装于端部一般以牵引链条方式传动,安装于中间一般以牵引齿条方式传动。

动力驱动装置中电动机一般采用三相鼠笼型异步电动机,需采用 Y-△降压启动,无节能模式的自动扶梯无需调速,具有节能模式的自动扶梯需配备变频器,节能模式的作用是在轻载或空载时采用低速运行。

(1) 端部驱动

端部驱动装置安装在上分支水平直线区段末端,端部驱动装置如图 6-6 所示,驱动机组通过传动链条带动驱动主轴,主轴上有两个牵引链轮、两个扶手带驱动轮、传动链轮及紧急制动器等。牵引链条上装有一系列梯级,由驱动主轴上的牵引链轮带动。驱动主轴上的扶手带驱动轮通过扶手带传动链条驱动扶手胶带,扶手带通过压紧装置与驱动轮紧密接触,防止打滑。一些大提升高度的自动扶梯采用两套驱动主机进行驱动,且将两套驱动主机的工作制动器互为附加制动器。

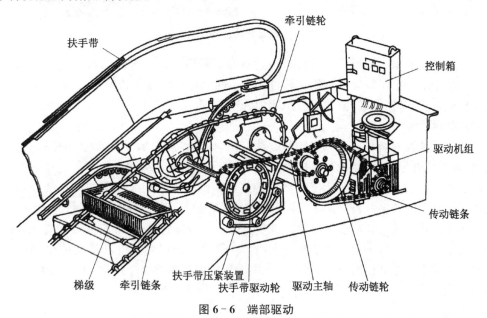

图 6-6 端部驱动

端部驱动装置常使用蜗轮蜗杆减速器,如图 6-7 所示。蜗轮蜗杆减速器具有运转平稳、噪声小及体积小等优点。但是,蜗轮蜗杆减速器的效率较低,会增加能量消耗。采用平行轴线的圆柱斜齿轮减速器可以提高效率。选用合适的圆柱斜齿轮可以降低噪声。此外,驱动装置应采用防震装置,机架部件采用吸振材料可以使振动噪声降到与蜗轮蜗杆减速器相同的水平。

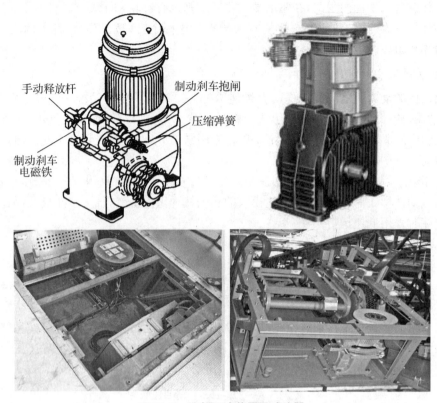

图 6-7 端部驱动装置及减速器

　　端部驱动一般采用链条传动。链条传动依靠链轮带动链条进行动力传递,驱动力作用在链轮和链条上。由于链条在链轮旋转过程中不断地与链轮啮合和脱开,其间产生摩擦,出现能量损耗、链条磨损,致使链轮的齿距增加,链条也将伸长。

（2）中间驱动

　　中间驱动装置安装在上下分支倾斜直线区段,此种结构节省了端部驱动装置所占用的空间,具有设备外形小,梯级齿条及扶手张力小,扶手速度与梯级同步性好等优点,其牵引构件为牵引齿条。电动机通过减速器将动力传递给两侧的两根构成环路的传动链条,每侧的两根传动链条之间铰接一系列滚子,滚子与牵引齿条啮合,驱动自动扶梯运行。

　　中间驱动装置的最大特点是可以进行多级驱动,当自动扶梯提升高度较大时,端部驱动的牵引链条的张力在有载分支上升时急剧增大,牵引链条尺寸及电动机功率也相应增大。此时如果采用中间驱动机组驱动,多设机组驱动形成多级驱动自动扶梯,可以大大降低牵引齿条的张力。

　　6. 制动器

　　制动器是依靠摩擦使机构进行制动的重要部件。一方与机构的固定机架相连,另一方与机构的转动件相连接。当机构起动时,使摩擦件双方脱离,机构正常运转;当机构需要制动时,使摩擦件的两方接触并压紧,使摩擦面间产生足够的摩擦力矩,消耗机构运动能,从而使运动机构减速,直到停车。自动扶梯的制动器主要包括工作制动器、附加制动器、辅助制动器。

（1）工作制动器

主要用于扶梯停止运行时，提供制动力，安装于电动机的高速轴上。制动时能使自动扶梯以匀减速方式停止运转。工作制动器不工作时处于制动状态，以保证自动扶梯在静止状态处于绝对安全条件下，这一点与地铁列车的制动系统类似。而在机构工作时，制动器的励磁线圈通电后，磁轭中的环形励磁线圈产生磁场。当电磁力大于工作弹簧的弹力时，制动器释放。当制动器的励磁线圈断电时，衔铁被弹簧推离磁轭，制动器的运动部分与固定部分紧压为一体，制动器为制动状态。工作制动器一般有三种形式：带式制动器、块式制动器和盘式制动器。

（2）附加制动器

当驱动机组与驱动主轴间使用传动链条连接时，一旦传动链条断裂，两者之间将失去联系。此时，即使有安全开关使电源断电，电动机停止运转，也无法使自动扶梯梯路停止运行。特别是在有载上升时，自动扶梯梯路将突然反向运转和超速向下运行，导致乘客受到伤害。在这种情况下，如果在驱动主轴上装设一只或多只附加制动器，该制动器直接作用于梯级踏板或胶带驱动系统的非摩擦元件上使其整个停止运行，则可以防止上述情况发生。附加制动器应在以下情况下设置：

① 梯级、踏板或胶带驱动轮之间不是用轴齿轮、多排链条、两根或两根以上的单根链条连接的。

② 工作制动器不是使用机电式制动器的。

③ 公共交通型自动扶梯。

④ 提升高度超过 6 m 时。

根据《自动扶梯和自动人行道的制造与安装安全规范》（GB 16899－2011）中要求在速度超过额定速度 40％之前或梯路突然改变运行方向时，附加制动器应发生动作。

（3）辅助制动器

与工作制动器起相同的作用，用于停梯时起保险作用，尤其在满载下行时起辅助工作制动器作用，仅在用户要求时才配置。辅助制动器不进行自动复位，复位需要手动操作。

7. 扶手装置

扶手装置是供站在自动扶梯梯路上的乘客扶手用的。扶手装置由扶手驱动系统、扶手胶带、栏杆等组成。扶手带速度与梯级速度应保持同步，扶手带与梯级由同一驱动装置驱动，通过扶手带传动链将动力传递给扶手带驱动装置。

扶手胶带是一种边缘内向弯曲的橡胶带，按照内部衬垫分为多层织物衬垫扶手带、织物夹钢带扶手带和夹钢丝绳织物扶手带。

扶手带常见的驱动方式主要有压滚驱动、摩擦轮驱动和端部轮驱动。压滚驱动系统由扶手胶带的上、下两组压滚组成，上压滚组由扶梯的驱动主轴获得动力驱动扶手胶带，下压滚组从动，压紧扶手胶带。摩擦轮驱动是依靠驱动滑轮与扶手胶带的摩擦力来提供动力，而要形成足够的摩擦力，必须借助张紧装置使扶手胶带保持一定的张力。端部轮驱动的扶手带驱动轮安装在上端部，配用三角带型扶手带，以端部轮与扶手带上三角带之间的啮合驱动扶手带。

8. 张紧装置

张紧装置的作用：使自动扶梯的牵引链条获得必要的韧张力从而使扶梯正常运转，补偿牵引链条在运转过程中的伸长,牵引链条及梯级由一个分支过渡到另一分支的改向功能,完成梯路导向所必需的部件,如转向壁等均安装在张紧装置上。张紧装置有重锤式和弹簧式两种。

重锤式张紧装置是利用重锤的上下以自动调节牵引构件的张力。这种结构复杂且自重大,在自动扶梯已很少使用。目前,一般采用弹簧张紧装置,这种结构形式的张紧装置将链轮轴的两端各装在滑块内,滑块可在固定的滑槽中滑动以调节牵引链条的张力。中间驱动的自动扶梯没有张紧链轮和牵引链轮,因而自动扶梯的上端与下端设置具有与辅轮转向壁作用相同的主轮转向壁。这种主轮转向壁由两个约 1/4 圆弧段的导轨组成,其中有一个为可摆动导轨,这种结构的自重较轻。

9. 控制与安全装置

(1) 启动与停止开关

自动扶梯的启动与停止开关应设在能看到整个扶梯的位置,只能由指定人员才能操作。紧急停止运行装置应符合安全要求,有红色标记。运行过程中不能转换方向。

(2) 安全装置

为保证乘客的安全级自动扶梯的稳定运行,设置了多种安全装置。

① 驱动链断链开关。驱动链过度伸长和断裂时,能使自动扶梯停止。

② 梯级下陷保护装置。发生梯级支架断裂、主轮破裂、踏板断裂等现象时,会使得梯级下陷故障,下陷部分碰触检测杆带动安全开关触点,从而切断自动扶梯电源。

③ 梯级链张紧装置。在梯级链过度伸长或不正常收紧或破断时,能使自动扶梯停止。

④ 梳齿板开关。在水平和垂直两个方向对自动扶梯进行保护。水平动作力达 900～1 200 N 时水平开关动作,垂直动作力达 100～200 N 时垂直开关动作,扶梯停止。

⑤ 裙板开关。当有异物卡入梯级与裙板之间,当裙板受到异常压力时,能使扶梯停止。

⑥ 扶手带断带开关。当扶手带破断时,扶梯停止运行。

⑦ 超速开关。自动扶梯超速至 1.15 倍额定速度时,工作制动器动作;超速至 1.3 倍时,附加制动器动作。

⑧ 扶手带入口开关。扶手带入口部施加 10～30 N 压力,该开关动作,扶梯停止。

⑨ 断相、错相保护装置。主电源发生断相、错相时,扶梯停止运行。

⑩ 扶手带速度监控装置。扶手带与梯级速度差超过 2% 并持续 10 s 时,向车站机电设备监控系统(BAS/EMCS)发出信号。若速度超过 −5%～5% 范围并持续 10 s 时,扶梯停止运行。

⑪ 防逆转装置。扶梯速度意外降低至额定速度 20% 时,工作制动器动作。当扶梯出现逆向运行时,在速度为 0 前,附加制动器动作,扶梯停止。

三、自动扶梯的运行管理

自动扶梯运行管理的目的是要保证设备处于正常运行状态,实现系统的设计功能;同时为车站迅速输送乘客、维持良好秩序提供有力保证。主要包括以下几方面内容:

(1) 应急处理。 设备出现异常或发生乘客受伤等事故时,由运行管理人员或车站值班员按应急预案处理,并按规定通知维修人员。

(2) 故障报告。 观察设备的运行状态,若发生异常,及时将故障情况报告环控调度员,再由环控调度员组织专业人员维修。

(3) 设备监管。 对设备的正确使用进行监管。防止乘客违规使用。

(4) 运行操作。 每天对设备的启动和停止进行操作。

自动扶梯运行管理由各车站工作人员根据车站运作需要,对系统设备进行开、关和控制运行方向的操作,并对设备进行集中监管及故障报告。当车站出现紧急情况或发生火灾时由控制中心统一指挥,车站工作人员按照救灾预案使用车控室 IBP 盘、BAS 工作站、就地控制设备的运行。

任务二 垂直电梯

垂直电梯是一种装有箱状吊舱的垂直升降机,用于多层建筑乘人或载运货物。车站垂直电梯多设置在车站出入口、站台层和站厅层,提供给有需要的乘客使用,如残障人士、携带有大件行李的乘客及其他有特殊需要的乘客。垂直电梯是以电动机为动力源的用于高层或多层建筑内的固定式升降运输设备。垂直电梯属于特种设备,直接对象是乘客,设备的安全可靠性尤为重要,因此垂直电梯的设备选型要以安全可靠及成熟性为依据。

一、垂直电梯的分类

根据垂直电梯的用途、拖动方式、运行速度、控制方式、有无减速装置、操作方式等,可进行分类。分类方式如下表所示。

表 6-2 垂直电梯的主要分类

序号	特征	分类名称
1	用途	乘客电梯
		载货电梯
		客货(两用)电梯
		住宅电梯
		杂物电梯
		船用电梯
		汽车用电梯
		观光电梯
		病床电梯
		其他电梯

序号	特征	分类名称
2	拖动方式	交流电梯
		直流电梯
		液压电梯
		齿轮齿条式电梯
3	运行速度	甲类：2 m/s＜v＜3 m/s，称为高速电梯。
		乙类：1 m/s＜v＜2 m/s，称为快速电梯。
		丙类：v＜1 m/s，称为低速电梯。
4	控制方式	手柄开关控制，自动门电梯
		手柄开关控制，手动门电梯
		按钮控制，自动门电梯
		信号控制电梯
		集选控制电梯
		并联控制电梯
		梯群控制电梯
5	有无减速装置	无齿轮电梯曳引机，用于高速电梯。
		有齿轮电梯曳引机，用于低速和快速电梯。
6	操作方式	无司机电梯
		有司机电梯
		有、无司机两用电梯
7	驱动方式	液压式
		曳引式
		螺旋式
		爬轮式

二、垂直电梯的结构

车站垂直电梯设备的主要结构包括机械部分与电气部分。机械部分包括曳引系统、导向系统、轿厢系统、门系统、重量平衡系统；电气系统包括电力拖动系统、电气控制系统、安全保护系统等组成。其曳引机、导轨、对中装置、安全装置、信号操纵系统、轿厢与厅门分别安装于建筑物的井道和机房中，垂直电梯采用钢丝绳摩擦传动，钢丝绳绕过曳引轮，两端分别连接轿厢和平衡重量，电动机驱动曳引轮使轿厢升降。如图 6-8 所示。

垂直电梯除了包括机械和电气部分外，一般还配有机房、井道和基坑，其尺寸和参数有严格要求。

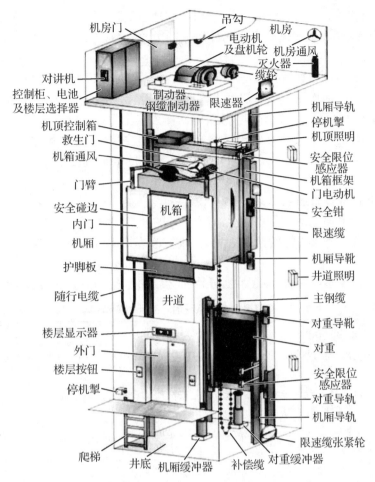

图6-8　垂直电梯的结构组成

机房是放置电梯曳引机及辅助设备的房间,除面积、高度、宽度、深度应达到《电梯主要参数及轿厢、井道、机房的型式与尺寸　第1部分:Ⅰ、Ⅱ、Ⅲ、Ⅵ类电梯》(GB/T 7025.1 - 2023)的要求外,还应满足:

(1)机房地板必须能够承受它们正常所受的载荷,一般要求能承受6 000 N/m²的均匀载荷。

(2)机房必须通风,环境温度保持在5～40℃之间。

(3)供活动和工作的净高度在任何情况下均不应小于1.8 m。

(4)在机房顶板或横梁的适当位置,应设一个或多个能承重2 t的吊钩。

(5)机房应有固定式电气的照明,地表面上的照度应不小于200Lx,并设一个或数个电源插座。

(6)机房地板上的开孔尺寸应尽量减小,所开孔应在周边用水泥筑起高于地板50 mm,宽度适当的台阶。

井道是轿厢和对重运行的空间,该空间是以井道底坑的底、井道壁和顶为界限的。井道除应达到《电梯主要参数及轿厢、井道、机房的型式与尺寸　第1部分:Ⅰ、Ⅱ、Ⅲ、Ⅵ类电梯》(GB/T 7025.1 - 2023)的要求外,还要求满足:

（1）井道应有足够的机械强度。井道结构至少能承受下述载荷：由曳引机施加的载荷；安全钳动作瞬间或轿厢载荷偏离中心从导轨上产生的载荷；由缓冲器动作产生的或由防跳装置施加的载荷。

（2）井道除层门口、通风孔、机房之间的永久性开孔外，不准有其他开口。

（3）当相邻两层地坎间的距离超过 11 m 时，其间应设安全门，使相邻两地坎间距少于 11 m。当相邻两地坎都设有安全门时，则井道可不设安全门。

（4）规定的井道水平尺寸是用铅锤测定的最小净空尺寸，允许偏差值为：高度不大于 30 m 的井道：0～25 mm；高度不大于 60 m 的井道：0～35 mm；高度不大于 90 m 的井道：0～50 mm。

（5）井道顶部应设置通风孔。

（6）井道应为电梯专用，不得装设与电梯无关的设备、电缆等。

（7）井道内应设置永久性的照明装置，在维护修理期间，即使门全部关上，井道也能被照亮。

（8）底坑不得漏水或渗水，除缓冲器导轨、底板及排水装置外，底坑的底部应光滑平整。

表 6‑3　垂直电梯各个系统的功能及主要构件与装置

名称	功能	主要构件与装置
曳引系统	输出与传递动力，驱动电梯运行	曳引机、曳引钢丝绳、导向轮、反绳轮等
导向系统	限制轿厢和对重的活动自由度，使轿厢和对重只能沿着导轨上下运动，承受安全钳工作时的制动力	轿厢（对重）导轨、导靴及其导轨架等
轿厢系统	用以装运并保护乘客或货物的组件，是电梯的工作部分	轿厢架和轿厢体
门系统	供乘客或货物进出轿厢时用，运行时必须关闭，保护乘客和货物的安全	轿厢门、层门、开关门系统及门附属零部件
重量平衡系统	相对平衡轿厢的重量，减少驱动功率，保证曳引力的产生，补偿电梯曳引绳和电缆长度变化、转移带来的重量转移	对重装置和重量补偿装置
电力拖动系统	提供动力，对电梯运行速度实行控制	曳引电动机、供电系统、速度反馈装置、电动机调速装置等
电气控制系统	对电梯的运行实行操纵和控制	操纵箱、召唤箱、位置显示装置、控制柜、平层装置、限位装置等
安全保护系统	保证电梯安全使用，防止危及人身和设备安全的事故发生	机械安全保护系统：限速器、安全钳、缓冲器、端站保护装置等；电气安全保护系统：超速保护装置，供电系统断相、错相保护装置，超越上下极限工作位置的保护装置，层门锁与轿厢门电气联锁装置等

1. 曳引系统

曳引系统的作用是向电梯输送与传递动力，使电梯运行。曳引系统主要由曳引机、曳引钢丝绳、导向轮和反绳轮等组成，曳引系统是垂直电梯的核心部分。

曳引机是垂直电梯的动力设备,又称为电梯主机,主要由电动机、制动器、联轴器、减速箱、曳引轮、机架和导向轮及附属盘车手轮等组成。导向轮一般安装在机架或机架下的承重梁上,曳引机主要分为有齿曳引机和无齿曳引机两种,如图 6-9 所示。有齿曳引机的电动机动力通过减速箱传到曳引轮上,一般用于 2.5 m/s 以下的低中速电梯。无齿曳引机的电动机动力不通过减速箱而直接传动到曳引轮上,一般用于 2.5 m/s 以上的高速电梯和超高速电梯中。

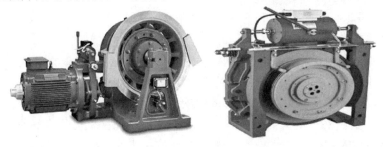

图 6-9　曳引机

2. 导向系统

导向系统由导轨、导轨支架和导靴等组成。导向系统在垂直电梯运行过程中,限制轿厢和对重的活动自由度,使轿厢和对重只能沿着导轨做升降运动,不会发生横向的摆动和振动,保证轿厢和对重运行平稳不偏摆。

导轨是垂直电梯的重要基准部件,控制着电梯轿厢的运行轨迹。保障操作信号的传递,是涉及电梯安全及运行质量的重要部件。

导靴分为滑动和滚动两类,如图 6-10 所示,滑动导靴一般由带凹槽的靴头、靴体和靴座组成,滚动导轨则用 3 个滚轮沿导轨滚动运行。

图 6-10　电梯导靴

3. 轿厢系统

轿厢是用于运送乘客或货物的垂直电梯组件,主要由轿厢架和轿厢体两大部分构成。轿厢架是轿厢体的承重架构,由上横梁、立柱、底梁和斜拉杆组成,轿厢体由轿厢底、轿厢壁、轿厢顶组成。

4. 门系统

垂直电梯门包括轿门和层门,轿门安装在轿厢入口,层门安装在井道的层站开口处。电梯门是人员和货物进出电梯的开口,也是轿厢和井道的封闭结构。

轿门和层门按照结构形式分为中分门、旁开门、垂直滑动门、铰链门等。中分门主要用在乘客电梯上,旁开门主要用于货梯和病床梯上,垂直滑动门主要用于杂物梯和大型汽车电梯上。铰链门在国内较少采用,国外住宅电梯中采用较多。

垂直电梯门的开门布置结构,可分为单开式和双开贯通式。双开贯通式是可以从两侧进入轿厢,也可以根据需要在不同的层站设置不同侧的层门。

在轿门的边上设有两种水平的光电保护装置,一般采用红外光幕,当光幕被遮挡时,门会重新开启。

5. 重量平衡系统

重量平衡系统由对重和补偿装置组成,如图 6-11 所示,用对重来平衡轿厢重量,减少能量消耗。对重相对于轿厢悬挂在曳引绳的另一侧,起到相对平衡轿厢的作用,并使轿厢与对重通过曳引绳作用于曳引轮,保证足够的驱动力。由于轿厢的载重量是变化的,因此不可能做到两侧的重量始终相等并处于完全平衡状态。一般情况下,只有轿厢的载重量达到 50% 的额定载重量时,对重一侧和轿厢一侧才处于完全平衡,这时的载重量称为电梯的平衡点,此时由于曳引绳两端的静荷重相等,使电梯处于最佳状态。对重装置一般由对重架、对重块、导靴等组成。

对重由对重块和对重架组成,对重块的材料通常为铸铁,对重架为槽钢制成,上部装有绳头用来悬挂钢丝绳。四边装有导靴,使对重沿导轨上下运动,下部设有撞板,在撞击缓冲器时起缓冲作用。

图 6-11　垂直电梯重量平衡系统

6. 电力拖动系统

电力拖动系统主要由曳引机、供电系统、速度反馈装置等组成。曳引机是垂直电梯的动力来源。速度反馈装置为调速系统提供垂直电梯运行的实际速度信息,以实现速度调节。

7. 电气控制系统

电气控制系统由操纵装置、控制柜、位置显示装置、平层装置等组成,如图 6-12 所示。对垂直电梯的运行进行操纵和控制。操纵装置包括轿厢内的按钮操作箱、层站召唤按钮、轿顶和机房中的检修或应急操纵箱。控制柜安装在机房中,由各类电气元件组成,承担电梯各种信号的逻辑管理和速度控制。位置显示装置是指示轿厢位置的装置,安装在轿厢内和层站的层门外电气控制系统的功能与性能直接决定着电梯的自动化程度和运行性能。随着微电子技术、交流调速理论和电力电子学的迅速发展及广泛使用,电气控制系统不断升级,不仅提高了电梯的整机性能,而且也改善了电梯的乘坐舒适感,提高了电梯控制的技术水平和运行可靠性。电气控制系统的类型除传统的继电器控制外,PLC控制和微机控制的电梯产品也已成为主流。

图 6-12　电梯控制柜和位置显示装置

8. 安全保护系统

车站垂直电梯是利用电动机牵引的垂直运输设备,频繁地载人、载货,因此必须保证安全。垂直电梯安全保护系统是用来保证电梯安全,防止一切安全事故发生的装置。主要包括机械安全保护系统和电气安全保护系统。机械安全保护系统主要包括限速装置(限速器和安全钳)、缓冲器、门锁等,电气安全保护系统主要包括终端保护装置和各种连锁开关。

(1) 机械安全保护系统

① 限速装置

由限速器和安全钳组成,如图 6-13 所示,是用来防止电梯轿厢超速和坠落的重要保护装置,是电梯载客运行的必备条件。

限速器一般安装于机房或井道顶,当轿厢下行超速时,限速器会立即动作,切断电气回路,使轿厢停止运行。此时,限速器和安全钳联动,将轿厢制动在导轨上。

安全钳是电梯的安全保护装置。电梯安全钳装置是在限速器的操纵下,当电梯速度超过电梯限速器设定的限制(或额定)速度,或在悬挂绳发生断裂和松弛的情况下,将轿厢紧急制停并夹持在导轨上的一种安全装置,如图 6-13 所示。它对电梯的安全运行提供有效的保护作用,一般将其安装在轿厢架或对重架上。

图 6-13　垂直电梯限速器和安全钳

② 缓冲器

安装于井道底坑地面上，如图 6-14 所示，可用于吸收轿厢由于控制失灵、曳引力不足或制动失灵等发生轿厢撞击时的动能，起到缓冲作用的安全装置，保证人员和电梯结构的安全。

③ 门锁

门锁是电梯的重要安全装置，是轿门、层门的锁紧装置。正常情况下，不使用开锁装置无法打开门。

(2) 电气安全保护系统

① 终端保护装置

图 6-14　缓冲器

终端保护装置是一组防止电梯超越上、下端站的开关，在轿厢或对重碰到缓冲器前切断控制电路或总电源，使电梯被电磁制动器所制动，常设有强迫减速开关、终端限位开关和极限开关。

② 各种连锁开关

当电梯失控，行至顶层或底层不能换速停止时，轿厢首先经过强迫减速开关，装在轿厢上的开关挡板与装在井道上的强迫减速开关碰轮相接触，迫使轿厢减速。当仍未减速停止时，轿厢上的开关挡板与终端限位开关相撞，使控制电路断电，轿厢停止。当超越限位开关仍未停止时，轿厢开关挡板与极限开关的碰轮相碰，牵动与极限开关相连的钢丝绳，使只有人工才能复位的极限开关拉闸动作，切断主回路电源，迫使轿厢停止。

二、垂直扶梯的运行管理

地铁运营前，站务人员对垂直电梯运行状态进行检查，设备运行正常，无异常、无异物，救援按钮有效，通话清晰。

值班站长、站长、站区经理定期对垂直电梯设备进行检查，包括警告/危险提示、门锁、紧急下降设备、灭火设备、正常/紧急照明、电缆间等。

正常情况下，车站人员可根据车站实际需要开启和关闭垂直电梯。开启时，用专用钥匙将垂直电梯打开，垂直电梯即可自动运行；开启后试乘 2～3 次，检查厅门开启是否良好、厅门地坎有无异物、轿内对讲功能是否正常后方可离开。关闭时，使用垂直电梯专用钥匙进行锁梯，垂直电梯自动回闭到基站层并关闭风扇和轿厢内照明，垂直电梯停止运行。

应急情况下，乘客可通过发生时操作按轿厢内紧急呼叫按钮与车控室联系，配合指挥人员等待救援。车站垂直电梯具备消防联动功能，发生火灾时，停于基层，处于打开状态。

任务三　轮椅升降机

轮椅升降机是安装在车站站厅到站台或地面到站厅步行楼梯一侧，以方便坐轮椅的乘客上、下楼梯之用，属于车站无障碍设备设施的一部分，为乘坐轮椅的残疾人提供进出站服务。轮椅升降机是楼梯升降机的一种，可分为座椅式和轮椅平台式两种类型，如图

6－15所示。座椅式楼梯升降机主要为行动不便者提供上下楼梯的服务，一般由座椅托架和导轨等组成。轮椅平台式楼梯升降机主要为使用轮椅者提供上下楼梯的服务。地铁车站一般都选用轮椅平台式楼梯升降机，即轮椅升降机，平台式轮椅升降机自身带一个可折叠的平台，平台放下至水平，可允许轮椅进入，闲置时收起平台，以节约空间。本节主要介绍轮椅升降机。

图 6－15 座椅式和轮椅平台式升降机

一、轮椅升降机的结构

轮椅升降机由轮椅平台、驱动机与牵引系统、导轨、轮椅平台控制盒、平台操作装置、充电装置及安全装置等组成。

1. 轮椅平台

轮椅平台由钢构件制成，其结构应有足够的强度和刚度。平台包括钢板、安全护栏、活动板、安全挡板等。轮椅平台约束轮椅，使轮椅在楼梯升降机运行时始终被限制在固定位置上。楼梯升降机在上下停车时，挡板自动放下供轮椅通行。在不使用的时候可以折叠收起轮椅平台，如图 6－16 所示。

图 6－16 车站轮椅升降机轮椅平台

2. 驱动机与牵引系统

轮椅升降机可采用交流电机驱动或采用直流电机驱动，内有制动器，制动器失电抱闸，得电松闸。升降平台的传动方式常见的有绳球链牵引式、滚轮式和齿轮齿条传动式三种形式。

（1）绳球链牵引式

绳球链牵引式一般采用交流电机驱动，驱动装置安装在楼梯的上端部，220 V 交流电源直接为驱动装置的电机供电。绳球链是一种在钢丝绳上穿入用工程塑料制造的圆球制成的传动机构，穿在空心的导轨中，牵引升降平台运动。这种升降机的优点是导轨外形美观；缺点是运动时绳球在钢管内滑动产生的摩擦对动力的损耗大，特别是在导轨转弯的地方，因此，导轨的总长度一般不能太长，故其适合提升高度不高、转弯少的楼梯。

（2）滚轮式

滚轮式传动采用一种特殊设计的曲线导轨与特殊设计的滚轮机构相啮合。滚轮机构由安装在平台支承架内的驱动主机驱动，滚轮在导轨上的爬行带动升降平台做上升或下降的运动。这种升降机导轨结构较复杂，但在使用中传动件的摩擦损耗小，能适应多转弯、高度大的楼梯。

（3）齿轮齿条传动式

齿轮齿条传动式轮椅升降机的驱动机安装在升降平台（或座椅）支承架内，导轨上装有齿条，通过齿轮在齿条上的滚动，使升降平台上升或下降。其导轨和驱动系统结构简单，外形美观，能适应长行程、多转弯的楼梯。

3. 导轨

导轨固定在楼梯表面。导轨和支撑件采用钢铁制作，表面应具有很好的防锈蚀和耐磨性能，保证 15 年内不生锈。

4. 轮椅平台控制盒

轮椅平台控制盒放置在轮椅升降机的内部，其中主要包括电机、蓄电池（直流驱动）、主电源开关、上行继电器、下行继电器、中间继电器、时间继电器、电动机辅助继电器等以及控制按钮开关。出、入口处的升降机应能适应露天的工作条件。

5. 平台召唤操作装置

轮椅升降机一般都采用微机控制方式，对升降平台的动作实现各种自动控制，包括平台的自动收放、护栏的自动收放、平台的召唤和返回。按照操作方式不同，平台召唤操作有自助式操作和他助式操作两种方式。

（1）自助式操作

自助式操作是指由使用者自行操作，进行轮椅升降机的使用。采用这种操作方式的轮椅升降机，在楼梯的上下端都设置有专用操作箱，使用者只需按下操作箱上的使用开关。升降机运行至使用端，然后平台自动打开。升降平台上安装有护栏开关和运行开关，可自行操作护栏的收放和平台的运行。

（2）他助式操作

他助式操作是指由他人协助操作使用轮椅升降机。采用这种操作方式的轮椅升降机，在楼梯的上下端也都设置有专用操作箱。操作箱上设有对讲机，需要使用升降机时，先要通过对讲机与现场管理人员取得联系，由管理人员到现场打开升降平台，协助使用者在平台上就位，然后由现场管理人员控制平台的运行。

这种操作方式的轮椅升降机,在升降平台上一般设有钥匙开关,由管理人员掌握钥匙现场开停升降机。他助式操作安全性好,设备易于管理,地铁车站的轮椅升降机一般都采用这种操作方式。

6. 充电装置

直流驱动的轮椅升降机应设置充电装置。充电装置将交流电整流成直流电后给蓄电池充电。当蓄电池电压过低时,升降机运行时会发出蜂鸣信号。此时应立即将升降机驶向充电点,并尽可能向下方行驶,以方便升降机充电。

7. 安全装置

安全装置主要包括限速器开关、侧板开关、底板开关、护栏开关、限位开关、极限开关、抱闸装置、旁通开关等。当升降机运行速度超过额定速度的115%时,限速器和安全钳动作,制动设备。在轮椅平台左右两侧各装有一个红色的紧急停车按钮,按钮是非自动复位式。当轮椅平台超过正常终端停止位置40 mm时,限位开关动作,强制平台停止。当上、下限位开关失效的情况下,极限开关动作,使升降机停止。

二、轮椅升降机的运行管理

为缩短故障处理时间,提高服务质量,当发生故障时,站务人员第一时间对故障进行应急处理。同时维修人员应尽快到达现场排除故障。

当轮椅升降机在运行过程中停止时,可以使用紧急状态下的下降系统(ELD)将平台运行到下端部,解救被困人员。ELD装置放置在每个车站车控室内并充满电。使用时,旋转拧开轮椅平台下方连接口盖,将ELD装置连接头连接,ELD装置上正面有四个按钮,分别是缓慢向下行驶、松开刹车、打开左边的滑板、打开右边的滑板,背面还有一个松开刹车按钮。

单元练习

一、单项选择题

1. 中提升高度的自动扶梯的提升高度为( )。
A. 6 m 以下　　　　　　　　　B. 6~20 m
C. 3~10 m　　　　　　　　　D. 45~60 m

2. 自动扶梯的驱动方式分为( )。
A. 端部　　　　　　　　　　B. 底部
C. 顶部　　　　　　　　　　D. 背部

3. 按用途分类,车站垂直电梯主要为( )。
A. 载货　　　　　　　　　　B. 观光
C. 载客　　　　　　　　　　D. 住宅

4. 车站垂直电梯拖动系统不包括( )式车站。
A. 操纵装置　　　　　　　　B. 曳引机
C. 供电系统　　　　　　　　D. 速度反馈装置

5. 轮椅升降机组成部分不包括(　　)。

A. 轮椅平台　　　　　　　　　　　　B. 导轨

C. 驱动机　　　　　　　　　　　　　D. 轮椅

二、多项选择题

1. 自动扶梯按扶手装饰分为(　　)。

A. 全透明　　　　　　　　　　　　　B. 半透明

C. 不透明　　　　　　　　　　　　　D. 封闭式

2. 自动扶梯分成四大部分(　　)。

A. 梯路　　　　　　　　　　　　　　B. 动力驱动装置

C. 框架结构　　　　　　　　　　　　D. 控制与安全装置

3. 自动扶梯牵引构件主要分为(　　)。

A. 牵引链条　　　　　　　　　　　　B. 皮带

C. 牵引齿条　　　　　　　　　　　　D. 导轨

4. 垂直电梯电气系统主要包括(　　)。

A. 曳引系统　　　　　　　　　　　　B. 电力拖动系统

C. 电气控制系统　　　　　　　　　　D. 安全保护系统

5. 轮椅升降机主要有(　　)部分组成。

A. 轮椅平台　　　　　　　　　　　　B. 驱动机与牵引系统

C. 导轨　　　　　　　　　　　　　　D. 轮椅平台控制盒

三、判断题

(　　)**1.** 垂直电梯机房一般设置在垂直电梯井道的底部,液压电梯机房可设在顶部。

(　　)**2.** 自动扶梯构成中有水平区段,会产生附加的能量损失,同时提升的高度较大时,乘客在自动扶梯上停留的时间会较长。

(　　)**3.** 自动扶梯的辅助制动器必须安装。

(　　)**4.** 自动扶梯一般采用端部驱动方式。

(　　)**5.** 车站轮椅升降机安装于站台到站厅或站厅到地面。

(　　)**6.** 由于链条驱动式结构简单,制造成本较低,所以目前大多数自动扶梯均采用链条驱动式结构。

(　　)**7.** 发生火灾时,不能使用垂直电梯撤离。

(　　)**8.** 升降平台的传动方式常见的有绳球链牵引式、滚轮式和齿轮齿条传动式三种形式。

四、简答题

1. 简述自动扶梯的功能与特点。

2. 简述自动扶梯工作原理。

3. 简述自动扶梯端部驱动和中间驱动特点。

4. 简述垂直电梯的作用。

5. 简述轮椅升降机的作用。

项目七

自动售检票系统

 学习目标

1. 了解城市轨道交通自动售检票系统的架构及各架构层的功能。
2. 掌握自动售检票设备的组成及功能。
3. 理解自动检票机的工作原理及工作方式。
4. 掌握 AFC 系统终端设备的常见故障及原因。

项目导学

1967 年,世界上第一套 AFC 系统在法国巴黎地铁安装使用成功。

1979 年,香港地铁首条线路开通时就采用了 AFC 系统,是中国的首个 AFC 系统。

1997 年,上海开始建设中国第一条基于磁卡单程票及非接触 IC 卡储值票为基础的 AFC 系统,随后在地铁 3 号线及明珠线应用薄型 IC 卡,储值票使用上海公共交通卡,随后完成系统网络化运营规划,建设网络化清分中心系统,在 2006 年完成网络化一票通及一卡通的运营模式管理。

1999 年,广州市开始建设基于 IC 卡 Token 及非接触 IC 卡储值票为车票介质的 AFC 系统。

2001 年,北京市开始建设基于小磁票及非接触 IC 卡储值票为车票介质的地铁 13 号线 AFC 系统,2004 年开通试运行。

AFC 系统在中国内地的城市轨道交通中投入使用,逐步展现出其良好的票务管理水平和高效的客流处理能力,使地铁公司票务收益管理实现了以最少的人力物力进行高效低成本的运作。国内的轨道交通 AFC 系统用户通过使用和摸索,在掌握原系统丰富多样、科学严谨的功能的同时,还增加了许多适用于票务管理需要的新功能,使 AFC 系统的功能更为完善。

任务一 自动售检票系统概述

自动售检票(Automatic Fare Collection,AFC)系统的功能不仅仅是售票和检票,进站和出站。从严格意义上来说，AFC是基于计算机、通信、网络、自动控制等技术，实现轨道交通售票、检票、计费、收费、统计、清分、管理等过程的自动化系统。国内轨道交通 AFC 系统的发展经历了从无到有的过程，最初是从美国引进的，近年来我国已进行了大量的开发和研制工作，提供了多种形式的产品，技术水平也在不断提高。随着计算机技术和软件的发展，我国城市轨道交通 AFC 系统和技术已与城市公共交通"一卡通"接轨，实现城市甚至城市区间的"一卡通"。

一、AFC 系统车站结构

车站按照使用功能划分为设备用房区、公共区、轨行区 3 个基本部分。车站公共区是能供乘客乘降，换乘和候车的场所，应保证旅客使用方便、安全、迅速地进出车站。车站公共区包括站厅层公共区及站台层公共区，站厅层公共区是乘客由地面进入地下车站或者由站台上至站厅的集散，车站公共区又分为付费区和非付费区，两区之间用栏杆分隔。

1. 集中布置型

集中布置型分为设置中厅和不设中厅 2 种类型。集中布置型车站的公共区空间利用率高，视野开阔，建筑效果良好，车站规模小，目前运用最为普遍，如图 7-1 所示。双层岛式和双层侧式站台车站均适用这种布置方式。

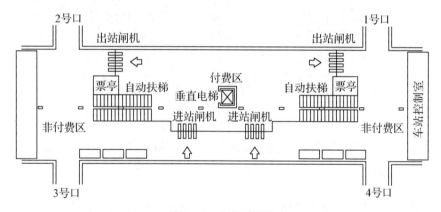

图 7-1　集中布置型

2. 分散布置型

南京地铁中胜站、北京地铁 10 号线呼家楼站为分散布置型，如图 7-2 所示。

公共区布置的最基本要求是保持客流顺畅，无堵塞拥挤，能满足正常情况下客流的通行和紧急情况下的疏散。设计合理的公共区布置能让去向不同的客流形成有序的客流，避免客流交叉，引起混乱，充分发挥公共区空间的使用效率。图 7-3、图 7-4 显示了各种不同客流在站内的主要流向。

车站管理主要是指车站工作人员对车站设施的管理和对乘客行为（次序和安全）的管理。集中布置型车站是车站管理最为方便的地铁车站类型。但有些车站由于各种因素的制约，布置成多个独立站厅，这种类型的车站应尽量考虑在各个分散的站厅间设置联络通道，便于出站乘客选择方向，方便出站乘客，同时也便于车站的管理。

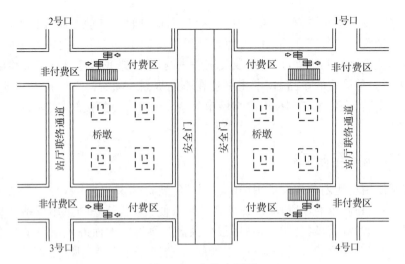

图 7-2　分散布置型

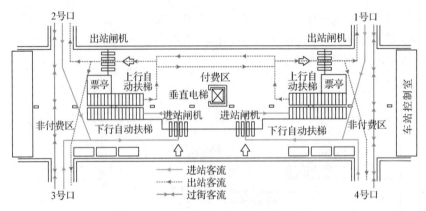

图 7-3　标准双层岛式车站客流组织图

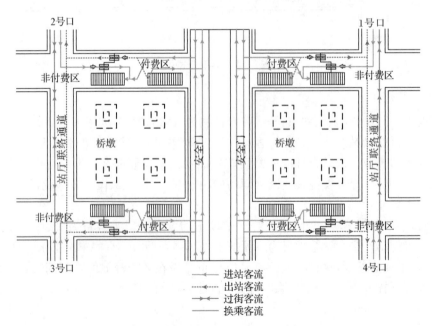

图 7-4　分离岛式换乘车站客流组织图

二、自动售检票系统的组成

城市轨道交通 AFC 系统涵盖运营网络内所有车站、线路和管理层,并留有对其他城市公共交通的外部清算接口。一般来说,城市轨道交通 AFC 系统具有五层结构,如图 7-5 所示。分别是:第一层,轨道交通"一票通"清分系统;第二层,各线路 AFC 系统中央计算机系统构成的中央层;第三层,车站计算机系统组成的车站层;第四层,车站终端设备组成的终端层;第五层,车票层。

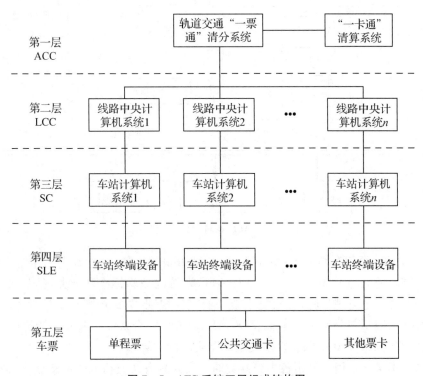

图 7-5 AFC 系统五层组成结构图

1. 清分中心

ACC 清分中心(AFC Clearing Center,ACC)即综合中央计算机系统,主要由中央清算系统、制票系统、密钥系统、运营管理系统、数据交换系统、报表管理系统、异地容灾系统、不间断电源系统、网络管理系统、系统维护与开发系统、测试系统等组成。AFC 为各线路统一制定、发行和管理城市轨道交通专用车票,实现互联互通,并实现城市公共交通一卡通系统在地铁各线路中的应用(即"一票通"和"一卡通"),负责对各联网线路"一票通"收益作清算、对账、系统安全管理及有关数据处理等和各联网线路与 IC 卡公司之间的"一卡通"清算、对账等业务,如图 7-6 所示。ACC 作为城市轨道交通线网 AFC 系统最上层的管理中心,负责向其他部门和单位进行票务事宜的联系和协调工作。在正常运营情况下,ACC 对各线路运营起监控作用并提供协调各线路的票务服务,在降级情况或紧急情况下,ACC 负责协调各线路的运营。

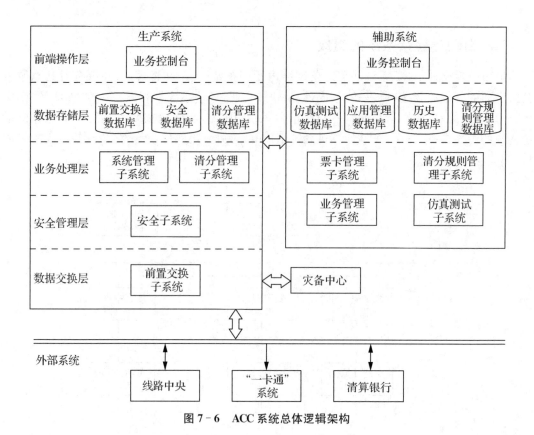

图 7-6 ACC 系统总体逻辑架构

ACC 是 AFC 系统联网收费清分中心，负责城市轨道交通"一票通""一卡通"所必需的运行管理。制定所有与 LCC 相关的接口及 AFC 系统的技术标准和业务规则，对各个线路进行统一的业务规范管理（通过参数制定统一的交易规则、清算规则）、票务管理（票卡格式制定、票卡采购、制票与分发）、安全管理（SAM 卡发行、安全认证），并实施清算（与公交"一卡通"系统之间的清算、ACC 与各轨道交通线路之间的清算）。

"一卡通"车票是指用于城市各类公共交通工具并具有储值功能的消费载体，俗称"交通卡"。各类交通工具指公共汽车、电车、轨道交通、出租汽车、轮渡等。

"一票通"车票指仅能在城市轨道交通系统内使用，能实现轨道交通网络内不同线路间不出站换乘的乘车凭证。

2. 线路中心计算机系统

线路中心计算机系统（Line Center Computer，LCC）是 AFC 的管理控制中心，LCC 与各车站 SC 进行通信，完成数据交易、审核、统计、传送等工作，收集本线路 AFC 系统产生的交易并审计数据，将此数据传送给城市轨道交通清分系统进行对账，规定了对该线路的车票票务管理、运营管理及系统维护的技术要求。在实际应用中，LCC 主要由结算系统、线路运营管理系统、数据交换系统、报表管理系统、网络管理系统、网络设备及各部门操作工作站（包括票务管理、财务管理、计划管理、审核管理等终端工作站）、打印机等组成。其中，结算系统主要由 AFC 主服务器和历史数据服务器等设备组成。此外，还需配置磁盘阵列、磁带库等外部存储设备。线路运营管理系统主要包括线路运营管理服务器及工作站等。数据交换系统由数据交换服务器、前置通信服务器组成,数据交换服务器是 LCC 与 ACC 之间进行交易数据上传、下载参数传递、清算对账等数据交换的平台,管理 LCC 与 ACC 互联的通信接口,具有硬件接口、软件协议转换的能力,前置通信服务器则是 LCC 与 SC 间进行数据交换的平台。报表管理系统包括报表服务器、报表查询工作站等。网络管理系统包括网管服务器、网管工作站等。网络设备包含网络交换机、路由器、防火墙、入侵检测系统等,为了能够保证本系统 LCC 与 ACC 等其他系统有效通信,需设置两套路由器,用于规划本系统对外的路由管理。

3. 车站计算机系统

车站计算机系统(Station Computer,SC)是 AFC 系统中的重要组成部分,在整个 AFC 系统中,车站计算机系统负责对本车站内部的所有 AFC 系统设备进行实时监控,并可对车站 AFC 系统运营、票务、收益、维修等功能进行集中管理。车站计算机能够收集、处理车站内各类数据,并上传到 LCC,接收 LCC 下发的各类系统参数,并下载到车站各终端设备;可接收 LCC 下达的系统各类命令,并下发到各终端设备,同时可向车站设备下达控制命令,并将该操作记录上传到 LCC。

车站计算机系统主要包括车站服务器、监视管理工作站、票务工作站、维修工作站、紧急按钮控制箱、打印机等。其中,车站计算机系统工作站和服务器之间,以及各 SLE 与车站服务器之间通过车站以太网连接,并通过轨道交通通信骨干网与中央计算机系统相连,完成数据的上传和下载。

4. 车站终端设备

车站终端设备(Station Level Equipment,SLE)主要包括自动售票机、半自动售票机、自动检票机(进站自动检票机、出站自动检票机、双向自动检票机)、自动查询机等。在城市轨道交通线网 AFC 系统架构中,车站终端设备位于第四层,安装在各车站的站厅,是直接为乘客提供售检票服务的设备。

车站终端设备接收线路中央计算机系统和车站计算机系统的管理,按照系统参数配置的方式上传交易数据、设备状态和事件报警,接收运营参数和控制指令,根据需要在正常运行模式和降级运营模式下工作。

5. 车票

车票位于城市轨道交通线网 AFC 系统架构中的第五层,相当于一条生产线的最终产品,是乘客乘车的重要凭证,记录了乘客乘车信息。车票体系大体分为三个阶段。

第一阶段:城市轨道交通运营初期阶段,采用纸质车票,单一票价。北京地铁纸质车票直到 2007 年才取消。

第二阶段:AFC 系统的初始阶段,采用计程、计时票价制。车票媒介包括磁卡车票和 IC 卡,如上海地铁多采用磁卡车票。

第三阶段:现代化联网收费系统阶段,使用非接触式 IC 卡作为车票媒介,除单程票等形式的车票外,还推出"一票通"和"一卡通"两种通用性车票媒介,方便服务旅客。

城市轨道交通车票,根据使用性质,可分为单程票、储值票和许可票三大类,如表 7-1 所示。车票在使用过程中,若出现不能正常使用的情况,请客服中心进行处理,如进出站次序错误、超时、过期的车票、补票等。

表 7-1　车票类型及使用说明

车票类型		样式	使用说明
单程票	普通单程票		乘客进入地铁站后在自动售票机上购买,当日当站,限时限距,出站回收
储值票	普通储值票		包括记名储值票和不记名储值票。乘客要先充值后在使用
	优惠储值票		包括学生票、老年票。符合条件人群到规定地点办理此种车票
	纪念票		包括计次纪念票、定期纪念票和区段票
许可票	员工票		供地铁内部员工工作使用,只允许员工使用,市场不流通
	测试票		对自动售检票系统设备进行维护诊断用车票,在设备处于维护模式时,由维修人员测试设备使用

　　票卡是整个 AFC 系统的信息源头。票卡循序的正确有效能确保系统的正常运作,有效票卡的流通代表着资金的流动,一旦票卡管理不善将会造成经济损失。票卡发行及使用包括车票编码定义、车票初始化、车票的赋值发售、车票的使用、车票使用管理、车票的进/出站处理、车票的更新、车票的加值、车票的退换、车票的回收等工作环节。

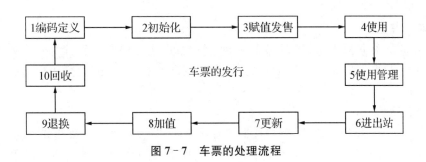

图7-7 车票的处理流程

三、自动售检票系统的功能

AFC系统增加了自助服务功能，一是在原有人工售票基础上，增设了自动售票机，实现了乘客自助购票，并减少了排队等候的时间；二是增加了自动查询机的数量，方便乘客自助查询；三是增设了"一卡通"自动充值机，实现自助充值。

AFC系统扮演着售票员、检票员、统计员、审计员等角色。整个系统以票卡为基础，利用计算机管理购票、检票、计费、收费、统计的全部过程，可减少票务管理人员的投入；减少人为造成的差错；加快售检票速度，也为乘客带来了便捷。其票务管理功能主要体现在发卡、售票、检票和结算。

1. 票务管理功能

(1) 发卡功能

票卡发行管理包括票号编码、票卡初始化发行、储值卡处理、调配、挂失、注销、销卡等功能。

(2) 售票功能

乘客在车站非付费区内可以通过自动售检票系统的终端设备（如自动售票机或半自动售票机）购票。售票过程是终端设备根据中央计算机系统下发的运行参数和票务参数，按照乘客需求，为乘客提供乘车的有效凭证（车票）。

(3) 检票功能

乘客进站时，进站检票机将对乘客所持有的车票进行合法性和有效性检查，如果所持车票合法，则在车票中写入乘客的进站信息并开闸放行，允许乘客进入车站付费区。乘客出站时，出站检票机将对乘客所持有的车票进行有效性检查，如果所持车票有效（包括车票计程、计时有效或车资足够），储值票被扣除相应票款后在车票中写入出站信息，单程票则在出站检票机自动回收，开闸放行让乘客出站。出站检票时，如发现乘客无票，或所持车票无效，或单程票金额不足等，都会提示乘客到补票厅按照有关规定进行补票处理。

(4) 结算功能

所有票务交易数据均由自动售检票系统的各类终端设备产生，经车站计算机系统上传到线路中央计算机系统或路网中央计算机数据处理系统，根据票务政策、清分规则和结算方法进行票款清分、清算和结算处理、银行划账和收益方对账等。

AFC系统的计价方式通常有单一票价、区域票价和计程计时票价。

2. 计价方式

(1) 单一票价

单一票价是根据乘车次数（即完成一个完整的进、出站检票过程计为一次）进行计费，与实际乘坐的距离长短无关。自动售检票系统在处理乘客的乘车时，依据统一票价进行处理。

(2) 计程票价

计程票价是经进、出站检票，严格按照实际乘坐距离长短（里程或乘坐车站数）并根据票价计费标准计算乘车费用。自动售检票系统在处理乘客的乘车时，依据里程严格计价的原则进行处理。

(3) 区域票价

区域票价是将运营线路总长度分为若干个区域（区间），根据票价计费标准，在各区域（区间）内采用统一票价；实际运营距离跨越一个或多个区域（区间）时，根据乘车的区域（区间）数进行计费。自动售检票系统在处理乘客的乘车时，依据不同区域不同计价的原则进行处理。

3. 服务功能

单程票可在车站内由乘客操作的自动售票机和售票员操作的人工售票机来出售。非接触式智能卡和出站票仅由客服中心人员通过人工售票机来出售。人工售票机能出售所有类型的车票、分析有问题的车票、改正或替换车票，在乘客和工作人员之有争议时通常还可提供必要的信息帮助。每台人工售票机控制两个乘客显示器，一个面向非付费区，另一个面向付费区。自动售票机以接受硬币为主、接受纸币为辅，并具有找零功能。自动售票机可出售不同票价的单程票，在前面板上，每一票价的车票对应指定按钮。车票从票箱中给出，此票箱与用于出口检票机上回收的车票的票箱是可互换的。单程票循环流通过程是由乘客从自动售票机购票，到出口检票机回收车票，然后由工作人员把出口检票机回收的车票再放进自动售票机内。

自动售票机的基本功能是通过乘客的自助式操作完成自动售检票。自动购票的基本过程包括购票选择、接收购票资金、自动出票及找零等，在必要时还可以打印充值凭证等。自动售票机可接收硬币和纸币，可以购买单程 IC 票卡，自动充值机可以对"一卡通"和地铁专用储值票进行充值的功能。同时，自动售票机预留了银行卡的数据接口和电气接口的物理空间，方便支付方式的扩展。

4. 系统网络

AFC 系统架构有五层结构：清分中心、线路中央层、车站层、设备层和车票。前四层中都通过计算机实现，之间的通信接口起着至关重要的作用，将直接影响到系统运行的性能和功效。

车站计算机和线路中央计算机之间的通信接口，采用点对点脉码调制模拟通信或以太网方式来实现。车站与线路中央主机系统的通信链路是基于城市轨道交通的内部通信传输网同步数字体系（Synchronous Digital Hierarchy，SDH）来实现。系统参数由线路中央层下达到设备层，车壳的交易数据则由设备层上送至线路中央层，如图 7-8 所示。

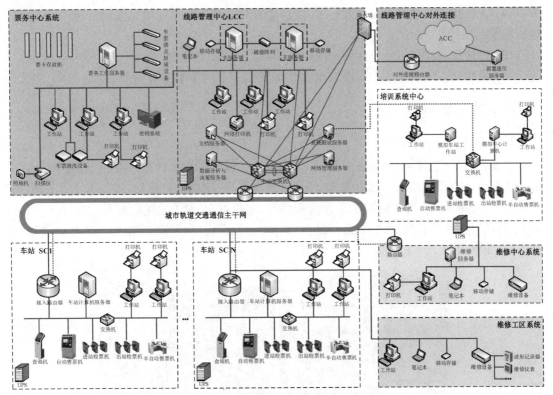

图 7-8　AFC 系统的结构布置示意图

任务二　自动售检票系统终端设备

终端设备是城市轨道交通车站 AFC 系统面向乘客的操作应用设备,将自动根据票务处理规则对售、检车票进行处理,并生成和保存车票处理的结果及其他管理信息。AFC 系统中的终端设备根据用途可分为:自动售票机、自动检票机、半自动售/补票机等。终端设备安装在各车站的站厅,是直接为乘客提供售检票服务的设备。

一、自动售检票系统的设计要求

轨道交通自动售检票系统的终端设备部署在现场、直接面向乘客,需要适应轨道交通运行的总体要求,其基本需求包括:

(1) 适应性。 终端设备应适应轨道交通车站特殊的环境要求,包括工作温度、湿度,电磁兼容性,振动和冲击等,同时也要考虑设备本身对环境造成的影响,如噪声、散热等影响。

(2) 可靠性。 终端设备设计寿命为 10～15 年,单机平均无故障次数 MCBF 应大于 10 万次。在通信故障情况下能"孤岛"运行,在断电情况下能保证最后一笔处理正常完成并自动关机。

(3) 安全性。 终端设备具有一定的防水、防尘措施,在运行过程中保证人身和资金安全,不会对车站其他设备运行产生影响以及在各种意外情况下不会丢失数据。

（4）**人性化**。终端设备提供友好的人机界面，对各种误操作能给出明确的提示，方便乘客使用及运维操作。

（5）**迅速性**。终端设备应能快捷地完成相应的票务处理功能。

（6）**模块化**。终端设备采用模块化设计，保证设备的维护性和扩展性。

二、自动售票机

1. 概述

自动售票机（Ticket Vending Machine，TVM）一般安装在非付费区内，主要用于乘客自助购买车票。自动售票机一般由乘客显示器、触摸屏、运营状态显示器，IC车票读写器及天线、纸币处理单元、纸币找零模块、硬币处理单元、主控单元，票卡发送装置及控制单元、维修面板/移动维护终端接口，乘客接近传感器、机身、电源模块（含UPS或电池）、支持软件等部件组成，如图7-9、7-10所示。

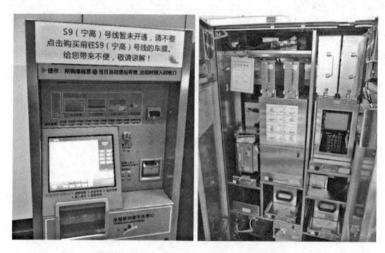

图 7-9 自动售票机外观和内部结构

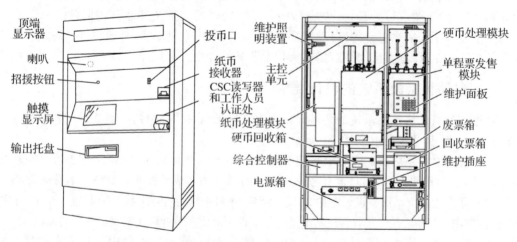

图 7-10 自动售票机外观和内部结构各模块布局示意图

2. 主要功能

自动售票机的基本功能是通过乘客的自助操作完成自动售票。自助购票的基本过程包括购票选择，接收购票资金、自动出票及找零等过程，在必要时还可包括购票凭证打印等。自动售票机的应用功能主要包括：

(1) 接受乘客的购票选择，并在购票过程中给出提示信息及操作指导。

(2) 可以接受乘客投入的现金(或储值票、信用卡等其他付费介质)并自动完成识别，对无法识别的现金(或储值票、信用卡)予以退还。

(3) 自动计算乘客投入的现金数量及购票金额，自动找零。

(4) 自动完成车票校验、发售及出票。

(5) 对各部件的工作状态进行自动监测，并向车站计算机系统上报工作状态。

(6) 接受车站计算机系统下发的参数和控制命令，并执行相应的操作。

(7) 存储并上传交易信息。

(8) 对本机接收的现金及维护操作进行管理。

3. 组成部分

自动售票机 TVM 购买单程票时，乘客在 TVM 的触摸屏上选择运行路线图上想要到达的车站，相应的单程票票价就会显示出来，投入硬币后，车票由票箱中自动发售。TVM 不仅可接受硬币，还可支持纸币、银行支付，可一次交易发售多张车票，具有找零功能。TVM 的总体架构，如图 7 - 11 所示。

(1) 主控单元。 主控单元即工控机 ECU，是控制设备所有功能的中心控制器。在该模块中包含中央处理器，以及用于对设备所有子系统进行监督控制的程序，这使得设备可以作为一个独立的系统工作，或者通过局域网连接到 SC 检测中心系统上工控机内安装设备控制软件，负责对各模块运行的控制，完成车票处理、显示、数据通信、状态监控等。

(2) 硬币处理模块。 硬币处理模块安装在设备内，由硬币识别器、暂存器、找零器及换向器等构成，主要实现硬币的识别、接收、原币返还、找零、循环找零、加币、清币、模块故障自诊断等功能。

(3) 纸币接收模块。 纸币接收模块是识别并接收乘客所投纸币的功能模块，可识别当前流通的所有币种的人民币纸币。纸币处理模块装有 1 个储钞箱，交易成功后被识别并接收的纸币将会被传送到储钞箱。

(4) 纸币找零模块。 纸币找零模块，外形轻巧、具有很强的灵活性。所有钱箱采用 RFID 方式的电子 ID。

(5) 单程票处理模块。 单程票处理模块由控制板、单程票补票箱、单程票回收票箱、废票箱、独立的车票读卡器、车票传送机构、传感器、电磁阀等构成。单程票处理模块能自动完成供票、读写、校验及出票的处理等业务操作。

(6) 银行卡处理模块。 设备预留银行卡处理模块安装位置和相关接口，银行卡处理模块包括 EPP 密码键盘和银行卡读卡器。

(7) 乘客显示器。 乘客显示器安装在 TVM 前面板乘客操作范围内，位于触摸屏后，用于显示轨道交通线路、车站分布图和有关的购票操作提示信息，不会出现误选、重选现象。使用 21.5 英寸工业级 TFT 高亮度液晶显示屏，具有抗磨耐用、防冲击、防腐蚀、防水、抗光

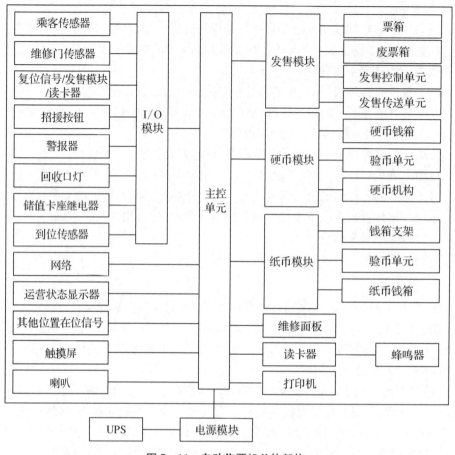

图 7-11 自动售票机总体架构

干扰等特点。

(8) 运营状态显示器。 运营状态显示器安装在 TVM 前面板上端的位置,用于显示当前设备的运行模式和操作模式。显示器能采用汉字与英语交替显示的模式,并能显示简单的图形和动画。如果 TVM 主机故障,将显示"退出服务"信息。

(9) CSC 读写模块。 位于 TVM 前部的右边,用于员工操作卡读写操作,来执行身份验证操作。

(10) 热敏凭条打印机。 具备打印票据的功能。

(11) 电源模块。 电源模块带有 UPS,为设备提供电力,其组成包括主模块、接线端子排(带保险)及相应附件。电源模块对主要功能模块的电源输出进行保护,在过压及短路情况下可以保护模块不受影响。

(12) 维修面板。 维修面板安装在设备内部,操作/维修人员通过维修面板完成对设备的操作、维修和诊断工作。维修面板包括 7 英寸彩色显示器及 24 键功能键盘。维修面板显示器应采用彩色 TFT 显示,16BIT 颜色,显示面积不小于 6.4 英寸,分辨率不小于 640×320。

(13) 后维护门。 后维护门最大打开角度为 $200°$,在维修的时候不会影响其他自动售票机正常工作,且设备内部所有部件均可方便进行维修。双开的后维护门也进一步节省了自动售票机的布置空间,相比单开维护门可节省约 0.5 m 的距离。开启的维护门能够承受远离铰链边角上在平面施加的 900 N 外力,不会导致铰链及其他设备的弯曲或损坏。

4. 运行模式

自动售票机可运行在多种模式下。这些模式的设置可以是通过 SC 下达参数设置,也可以是 TVM 运行根据模块的状态而进行自动调整的。对自动售票机运行模式分析后,确定运行模式分为正常服务模式、停止服务模式和限制服务模式三种。

(1) 正常服务模式

正常服务模式是指 TVM 运行时能提供所有设计要求的服务。

(2) 停止服务模式

停止服务模式是 TVM 在模块运行时发生错误后,可屏蔽其提供的功能,并尝试自动切换到限制服务模式,如没有与之匹配的限制服务功能,TVM 将进入停止服务模式以下条件将导致 TVM 切换到停止服务模式:

① 储值票和单程票售票模块同时不可用或发生故障。

② 硬币接收器和纸币接收器同时不可用或发生故障。

(3) 限制服务模式

限制服务模式类包含以下模式:

① 仅售票模式:储值票不可用或发生故障。

② 仅硬币购票模式:纸币接收器不可用或发生故障

③ 仅纸币购票模式:硬币接收器不可用或发生故障。

④ 无找零模式:找零模块不可用或发生故障。

⑤ 仅充值模式:单程票发售模块不可用或发生故障(预留)。

二、自动检票机

1. 概述

自动检票机(Automatic Gate Machine,AGM)设在公共区付费区和非付费区的交界处,包括进站闸机、出站闸机和双向闸机。进站闸机和出站闸机共同形成车站站厅层付费区与非付费区之间的分割线,用于实现乘客自助进出站检票。对有效车票,闸机通道阻挡装置释放,允许乘客进出站。组成一个通道需要两台闸机,一个主机柜和一个相邻的机柜,如图 7-12、7-13 所示。

表 7-2　闸机的种类

序号	闸机种类	样式	特点
1	三辊闸		阻挡装置由 3 根金属杆组成空间三角形,一般采用中空不锈钢管,通过旋转实现阻拦和放行,是最早出现的闸机类型,逐渐被摆闸和翼闸取代。

（续表）

序号	闸机种类	样式	特点
2	摆闸		也称为拍打门,阻挡装置常用不锈钢、有机玻璃、钢化玻璃,具有一定面积的平面,通过选择摆动实现阻拦和放行。
3	翼闸		也称为剪式门,阻挡装置材质为有机玻璃、钢化玻璃、金属板外包柔性材料,一般为扇形面,垂直于地面,通过伸缩实现阻拦和放行。
4	转闸		也称旋转闸,由三辊闸发展而来,借鉴了旋转门特点,根据高度可分为全高转闸和半高转闸。
5	一字闸		最早的闸机之一,阻挡装置为一根金属杆,通过升起闸杆至水平和落下闸杆缩回箱体,实现阻拦和放行。容易伤到行人,已被淘汰。
6	平移闸		也称平移门、全高翼闸,由翼闸发展而来,阻挡装置材质为有机玻璃、钢化玻璃,面积较大,垂直地面,通过伸缩实现阻拦和放行。

图 7 - 12　闸机外观

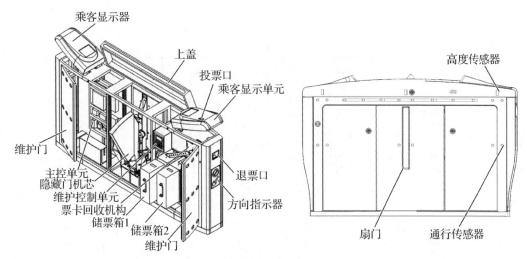

图 7 - 13　闸机各部分结构

2. 主要功能

闸机的功能是对乘客所持的车票进行检验,按照"右手原则"完成进站或出站的交易处理。在限时计程的收费规则下对进入收费区及离开收费区时都需要进行车票检验,并记录进入的地点和时间;离开收费区时检查车票的合法性、进站信息及停留时间;并根据进入位置和离开位置计算本次旅程的费用,完成车票扣款操作。闸机有足够的传感器对乘客的通行行为进行监控,能区分大人、小孩、手持行李与手推行李车,并能检测乘客在通道的移动情况,检查到任何非法进入可发出报警声及闪烁提示灯,南京地铁闸机已经支持支付宝、云闪付、苏宁金融扫码进出站。

3. 组成部分

闸机一般包括乘客显示器、导向指示器、声光报警装置、读写器、通道阻挡装置、乘客通行传感器、主控单元、车票传送装置、车票回收装置、维修键盘、移动维护终端接口、闸机控制单元、电源模块、机身和支持软件等组成,如图 7 - 14 所示。

(1) 主控单元

主控单元作为闸机的核心,负责运行控制软件,完成车票处理、数据处理、显示控制、数据通信、状态监控等功能。主控单元通常采用嵌入式工业控制计算机系统,可靠性高,具有良好的抗振动、冲击、电磁兼容和防尘防潮能力,能保证整机 24 小时不间断稳定运行。

(2) 闸机控制单元

控制单元接受主控单元的命令,并采集通道中的通行传感器信息,经过通行物识别算法处理后,识别通道内乘客、行李等的通行,利用扇门开关控制算法,通过扇门驱动控制电路对扇门实现开/关控制。并将通行信息反馈至主控单元,接收主控单元发来的运行参数、控制命令。

(3) 读写器

读写器由控制主板和天线组成,设置在乘客进出站闸机右侧,并设置标志及指示灯引导乘客刷卡,同时对非接触式 IC 卡进行读写,如图 7 - 15 所示。

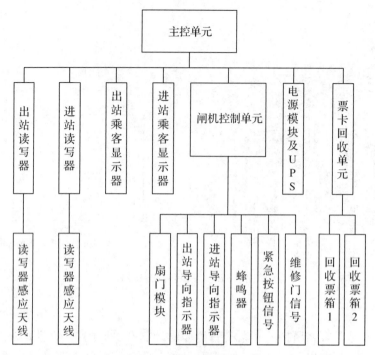

图 7 - 14　闸机组织结构图

 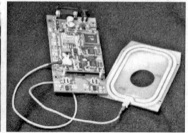

图 7 - 15　闸机读写器

(4) 通行传感器

通行传感器用于检测和识别通道内人员的通行行为,能监测、鉴别并分别处理乘客正常通过的情况和非正常通过的情况,能判断乘客在通道内错误的走行方向、能判断乘客跳跃、下钻等异常的通过方式;同时应能区分乘客与手推物品。在闸机扇门开关区域内,当扇门两侧的安全传感器被阻挡,监测到有障碍物时,扇门维持当前状态,并发出报警提示,保证行人在通过扇门时的安全。

通道传感器一般采用对射型红外传感器,由通道两侧闸机上成对布置的红外线发射端和接收端构成。当乘客进入通道,对射传感器的接收端电平信号将发生改变,如图 7 - 16 所示。

(5) 票卡传送及回收装置

票卡传送及回收装置仅出站闸机和双向闸机有,能够快速完成对乘客所持单程票的读写处理工作,准确判定该票卡的当前使用状态,并对乘客所持的有效单程票进行回收,而对于不合格票卡能自动退还给乘客。实现了大批量、自动回收乘客单程票的功能。

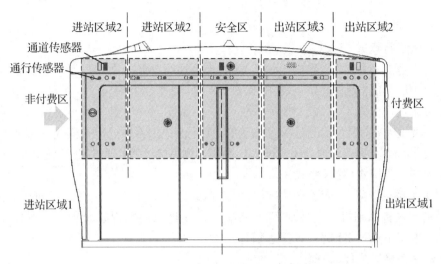

进站区域2　进站区域2　安全区　出站区域3　出站区域2

通道传感器

通行传感器

非付费区

付费区

进站区域1

出站区域1

图 7-16　闸机传感器布局图

(6) 阻挡装置

　　闸机常见的阻挡装置是扇形门,由柔性工程塑料和内置钢板组成,扇门位于两台闸机的中部。当扇门打开时会完全缩回闸机内部,不会对乘客造成危险。扇门连着曲柄摆杆,由直流无刷电机带动,如图 7-17 所示。

(7) 乘客显示器

　　在进站检票机的进站端、出站检票机的出站端、双向检票机的两端都安装有乘客显示器。乘客显示器通过图形和文字显示的引导信息,向乘客和票务人员提供运行状态和车票处理结果,如图 7-18 所示。

图 7-17　闸机扇门及驱动装置

图 7-18　乘客显示器

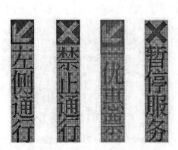

图 7-19　导向指示器

(8) 导向指示器

　　导向指示器分别安装在检票机两端的前面板上,用于该通道允许或禁止通行的远距离提示,引导乘客进出站,如图 7-19 所示。

4. 运行模式

（1）正常运行模式

闸机在正常运行模式下，导向指示器显示"允许通行"标志，乘客显示器显示正常使用的相关信息，闸机可正常处理检票、放行等操作。

（2）紧急放行模式

当车站发生火灾等紧急情况时，将设置为紧急放行模式。在紧急放行模式下，所有闸机扇门处于全开状态，乘客导向指示器处于放行状态，乘客出站不检票就可通过闸机迅速离开车站。

（3）列车故障模式（降级模式）

当列车出现运营故障，部分车站暂时中止运营服务，AFC系统将设置列车故障模式。暂停服务的车站进站闸机不允许乘客再进站，对本站进入的单程票及乘次票不扣除车费或乘次，单程票不回收并写入此模式标志信息。

（4）进站免检模式（降级模式）

进站闸机扇门处于全开状态，乘客进站不检票；出站闸机关闭状态，正常检票出站。

（5）出站免检模式（降级模式）

进站闸机扇门处于关闭状态，乘客正常检票入站；出站闸机扇门处于全开状态，乘客出站不需检票，回收类车票不回收。

三、半自动售票机

1. 概述

半自动售票机（Booking Office Machine，BOM）为功能较为全面的终端设备，设于车站售票亭，采用人工方式完成票务处理、车票发售、加值、车票分析、退票及其他票务服务，因此BOM又称为人工售/补票机。

半自动售票机由站务员操作，可以发售单程车票和储值车票，兼顾车票的有效性分析、补票和给储值车票加值等功能，为付费区和非付费区服务，适应处理不同区域乘客的票务。在大部分实行无人售票的车站中，票务处理通常由设置在服务中心内的半自动售票机实现，半自动售票机由BOM主机1台、操作员显示器1台、乘客显示器2台、打印机1台、读卡器3台、UPS1台等部件组成，如图7-20、7-21所示。

图 7-20 客服中心售票亭和半自动售票机

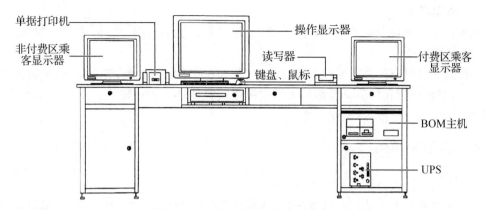

图 7-21 半自动售票机组成部分

2. 主要功能

半自动售票机的功能比较丰富,主要功能可以分为三大类

(1) 车票发售功能

面向非付费区的乘客,可以发售包括单程票、储值票、纪念票在内的各种类型的车票。

(2) 车票分析功能

对车票有效性进行分析,查询车票历史交易信息。

(3) 票务处理及服务功能

对无法正常进出站的车票进行票务更新,发售出站票,退票、补票处理,受理车票挂失,车票续期,查询票价及其他服务。

3. 组成部分

(1) 主控单元

采用标准工控机,模块化设计,配有多个 USB 接口和串口连接打印机、乘客显示器等外设,用来完成车票处理、数据通信、状态监控及故障检测等功能。

(2) 乘客显示器

每套 BOM 配置 2 个乘客显示器,分别安放在付费区和非付费区靠近窗口的位置,为乘客提供相关信息的显示,并且带有一定的语音提示。

(3) 读写器

读卡器提供高级应用程序编程接口,支持标准 IC 卡片的读写操作,对乘客持有的单张车票进行分析、充值、更新、激活、延期、退款、交易查询、解锁等处理。

(4) 单据打印机

单据打印机一般采用小型针式打印机,具有多联打印功能,为乘客提供相关交易的单据、班次报告、行政处理单据、充值交易凭据等。

(5) UPS

UPS 在主电源断电时提供备用电,使操作员能够完成当前的操作,并安全地退出系统。

4. 操作模式

BOM 有两种操作模式,即售票模式和补票模式。

（1）售票模式

该模式用于非付费区的乘客处理车票，可以对车票进行进出码更新、发售和加值。

（2）补票模式

该模式是给付费区乘客处理车票，可以对车票进行进出码更新、超乘更新、超时更新、发售免费/付费出站票和加值。操作员须通过键盘或其他输入设备输入员工号和密码进行注册登录，才能允许进行后续操作。

四、自动查询机

1. 概述

自动查询机一般安装在非付费区，供乘客自助查看储值票的票卡信息及交易记录，读取过程不修改车票上任何数据。采用触摸屏的操作方式，可显示由线路 AFC 控制系统下载的乘客服务信息。TCM 按功能可分为自助充值机（Card Vending Machine）和自动验票机（Ticket Check Machine，TCM），如图 7 - 22 所示。

图 7 - 22　自助充值机和自动验票机

2. 主要功能

（1）通信功能

自动查询机能与车站计算机系统 SC 进行通信，上传交易数据、寄存器数据和设备状态等信息，接收 SC 下发的命令、参数、价格表、黑名单及其他数据信息，并能对版本控制参数执行自动生效处理。当与 SC 或线路中心计算机 LCC 通信中断时，应具有单机离线工作和数据保存能力；在通信恢复时，应自动将保存的、未传送的交易数据及时上传。

（2）显示功能

自动查询机配备运行状态显示器及触摸式乘客显示器，显示设备运行状态，具有引导乘客进行自助查询和储值票加值的相关操作说明和提示。

（3）票卡验卡功能

自动查询机可显示票卡的信息，包括卡号、车票的有效性、车票类别、卡内余额、有效期卡状态，以及最近 10 次交易记录。

（4）储值卡加值功能

自动查询机可为储值票卡进行加值，可以接收多种不同面值的纸币，但不设找零。如果充值机由于某种原因没能完成加值(如用户中途撤卡),钞票也会自动退给用户。必须确保TCM与中央计算机系统的通信,设备接收充资授权后,才可正常使用。如果无法接收充值授权,自动查询机将退出运行。

(5)票据打印功能

自动查询机可为用户打印客户凭条及每笔流水操作等。

(6)查询功能

自动查询机具有车票查询和乘客服务信息查询等功能。车票查询是读取票卡信息,不具备写票功能,工作人员将车票放在读写器上,能显示车票逻辑卡号、车票类型、余额/使用次数、车票有效期、车票无效原因、交易历史等。

(7)其他服务

自动查询机还可进行一些其他的服务,如查询路网票价、车站出入口分布图、地面道路及公交换乘信息等。

3. 组成部分

自动查询机主要包括主控单元、纸币识别器、纸币收集箱、液晶显示器、触摸屏、运营状态显示器、弹卡器、读写器、维修面板移动维护终端接口、票据打印机、照明、电源模块(包含UPS)等。其中主控单元(工程级计算机)采用 32 位或以上微处理器,内存 64M 或以上,2G或以上硬盘。纸币识别器与 TVM 中的相同。

4. 运行方式

自动查询机运行方式主要由联网允许方式和独立运行方式两种。

(1)联网运行方式

自动查询机通常运行在联网运行方式下,此时自动查询机可以根据参数表的设定,上传状态信息、交易数据。乘客服务信息查询的信息由后台定制下载,可以接受 Flash、图片、文本文件。乘客服务信息力求为乘客提供最方便,适用的信息。乘客服务内容分类可定制,当一屏显示不完时,可使用垂直滚动条翻页,包含内容有 AFC 系统介绍、AFC 系统使用指南和地铁公告等内容。

(2)独立运行方式

当车站计算机的通信网络发生故障时,自动查询机转入独立运行方式,此时自动查询机可储存七天的交易数据和状态数据。

五、便携式验票机

1. 概述

便携式验票机(Portable Ticket Check Machine,PTCM)是供票务及稽查人员使用,由地铁工作人员随身携带,用以检验车票的手持式设备,对进入付费区及运行中列车的乘客所使用的车票进行核查,如图 7-23 所示。

2. 主要功能

便携式验票机采用 32 位 MCU,工业级设计,128M 大容量数

图 7-23 便携式验票机

据、程序存储空间可扩充到 256M 以上,可支持多种非接触式 IC 卡,支持两个安全存取模块 SAM 卡,采用充电电池,具有语音提示功能,红外通信功能。使用时必须插入安全存取模块 SAM 卡。可实现以下功能:

(1) 数据采集、数据传送、数据删除和系统管理等功能。

(2) 可与售票系统连接,实现查询、移动检票、查票等功能。

(3) 实现条码扫描装置与数据终端一体化。

(4) 实现各种广域和局域的无线通信功能。

一、单项选择题

1. AFC 的结构层次划分,共分为清分系统、线路中央计算机系统、车站计算机系统、(　　)、车票五个层次。

A. 车站终端设备　　　　　　　　　B. 车站线路设备

C. 车站设备　　　　　　　　　　　D. 设备终端

2. 车站计算机系统,其主要功能是对车站终端设备进行(　　)以及收集本站产生的交易和审计数据,规定了系统的数据管理、运营管理及系统维护管理的技术要求。

A. 补票　　　　　　　　　　　　　B. 退票

C. 状态监控　　　　　　　　　　　D. 验票分析

3. (　　)是指在车站内进站检票机与出站检票机及护栏之间的封闭区域,包括站厅、站台密封区、运营的列车车厢内区域等。

A. 站厅　　　　　　　　　　　　　B. 非付费区

C. 站台　　　　　　　　　　　　　D. 付费区

4. 车站中心 SC 网络采用工业以太网交换机(　　)方式,其中每站一台核心三层工业以太网交换机,设置于车站 AFC 机房内,机架安装方式。

A. 无线　　　　　　　　　　　　　B. 线性

C. 环形组网　　　　　　　　　　　D. 星形组网

5. 紧急按钮安装在车站控制室的(　　)上,当有紧急情况发生时,车站工作人员按下紧急按钮,紧急按钮控制盒收到紧急启动指令后会向自动检票机发出紧急放行信号。

A. 地面　　　　　　　　　　　　　B. 墙

C. 门　　　　　　　　　　　　　　D. IBP 盘

二、多项选择题

1. 以下哪些原因会导致 TVM 无法结账(　　)。

A. 硬币模块故障　　　　　　　　　B. SAM 卡无法验到

C. 纸币钱箱无法验到　　　　　　　D. 设备无通信

2. 自动售检票系统票务管理功能分为(　　)。

A. 发卡功能　　　　　　　　　　　B. 售票功能

C. 检票功能　　　　　　　　　　D. 结算功能

3. TVM 的运行模式有哪些类型(　　)。

A. 正常服务模式　　　　　　　　B. 紧急服务模式

C. 停止服务模式　　　　　　　　D. 限制服务模式

4. AGM 的运行模式有哪些类型(　　)。

A. 正常运行模式　　　　　　　　B. 紧急放行模式

C. 列车故障模式　　　　　　　　D. 进出站免检模式

5. BOM 的主要功能有哪些(　　)。

A. 车票发售功能　　　　　　　　B. 车票分析功能

C. 票务处理及服务功能　　　　　D. 车票回收功能

三、判断题

(　　)1. 单程票具有充值功能,是可以在任意时间内多次性使用的车票。

(　　)2. 在地铁 AFC 系统中,每个车站的售票机内都设置有紧急按钮控制盒。

(　　)3. TVM 设于车站付费区内,用于出售非接触式 IC 卡单程车票并具备对储值票充值的功能。

(　　)4. 检票机进出站无法通行故障,可能的故障点一定不会是读写器单元故障。

(　　)5. TVM 的纸巾模块维护前必须拔出电源插座,确保断电,不得带电操作。

(　　)6. 乘客在 TVM 购票,投入金额过多导致找零超过上限时,TVM 将主动取消交易,并退还投入购票款。

(　　)7. AGM 和 TVM 均装有门控开关和到位开关,到位开关用于检测主要模块的到位状态。

(　　)8. TVM 的供电单元配置 UPS 及后备电池,保证在外部失电的情况下不能完成最后一笔交易。

四、简答题

1. AFC 系统的五层架构。

2. AFC 系统的票务管理功能有哪些。

3. AFC 系统的计价方式有哪些。

4. 自动检票机的组成部分。

5. 半自动售票机的主要功能。

项目八

给排水系统

 学习目标

1. 熟悉车站给排水系统的设施及设备。
2. 掌握车站给排水系统的组成及功能。
3. 理解车站给排水系统的工作原理及工作方式。

项目导学

2008年7月4日晚上8时30分左右,北京地铁5号线崇文门站雨水倒灌。北京地铁运营公司马上启动了预案,关闭崇文门站下方变电站,导致从和平西桥站到宋家庄站段共14站双向停运3小时。

2016年7月24日晚上7时左右,西安下起暴雨,造成西安地铁2号线小寨站临时关闭,列车在该站采取越站通过。地铁1号线、2号线部分车站的个别出入口临时关闭。

2019年6月20日,武汉地铁11号线光谷七路站由于暴雨倒灌的原因使站内涌入了大量的积水,很多市民的出行受到影响。导致D出口由于积水封闭的原因很长时间不能够正常通行,乘坐地铁的乘客只能从B出口出行。

任务一 给排水系统概述

城市轨道交通给排水系统主要为车站、区间、停车场和车辆段提供生产用水、生活用水、消防用水,排出生产废水、生活污水、消防废水、雨水、结构渗漏水。给排水系统分别由给水系统和排水系统两部分组成。其中给水系统包括生产给水系统、生活给水系统、消防给水系统,满足生产、生活和消防等对水量、水质和水压的要求;排水系统包括污水系统、废水系统和雨水系统,保证排水畅通和运营安全。

一、给水系统

车站给水系统是指将市政给水管网中的水引入车站,经配水管输送到车站内部的给水配件和用水设备,并保证水质、水量、水压、水温等。车站给水系统由生产给水、生活给水、消防给水组成,如图8-1所示。

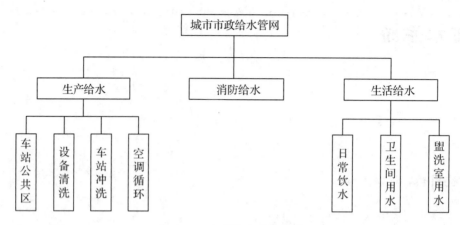

图8-1　车站给水系统组成

1. 生产生活给水系统

(1) 直接供水方式

车站生产、生活给水系统由水源、水池、水泵、水塔(水箱)、气压罐、管道、阀门、水龙头组成。从城市自来水管引入水源,引出两路口径 DN200 管道。在其中一路管道上再引出一路口径 DN80~100 管道,作为车站的生产、生活给水总管道。并在地面设有水表井,装有水表和阀门。供水管道一般沿车站风道,出入口等部位设置,管道在车站内成枝状管网分布。车站站厅层供水管道安装在靠墙的顶部。车站站台层供水管道安装在站台板下。站厅层、站台层设有冲洗水箱,如图8-2所示。

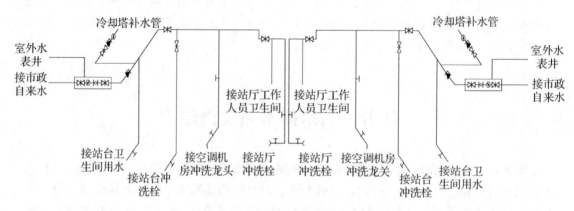

图8-2　车站生产生活给水系统

(2) 水泵供水方式

该供水方式由城市自来水管网供水。在低位水池内设有浮球阀控制水池内的贮水量。再由水泵将水提升至高位水箱内,在高位水箱内设有水位控制装置。控制水泵运行,保证高位水箱保持有一定的贮水量,如图8-3所示。

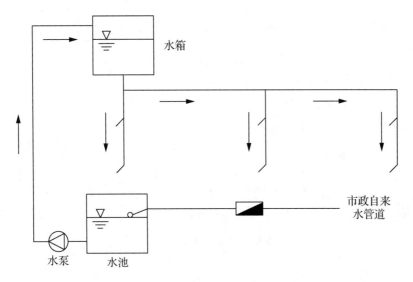

图8-3　水泵供水方式

车站一般均采用直接供水方式,两种供水方式特点如表8-1所示。

表8-1　两种供水方式比较

供水方式	优　点	缺　点
直接供水	供水可靠、系统简单、投资省、安装维护简单;可充分利用城市自来水管网水压,节省能源	由于车站内部无贮备水量,外部管网停水时车站内部立即断水
水泵供水	当外部管网停电停水时可延时供水,供水可靠,水压稳定	系统设备投资较大,安装、维护、保养较为麻烦

2. 消防给水系统

消防给水系统从市政管网单独引入,由水源、消防水泵、管道、阀门、消火栓、水流指示器等组成。车站内设消火栓箱,箱内配置水带、水枪、自救软盘等消防器材;区间只设置消火栓,在车站进入区间走廊内放置两套消防器材,满足区间火灾时的消防需要。每个消火栓箱均配置火灾报警按钮、手动启泵按钮,当两个按钮同时触发时,消防泵启动。

消防给水管径一般设计为DN150,与车站消防管网管径相同。市政消防引入管通常在站内分为两路支管,一支接入车站消防管网,另一支引入消防泵房作为消防水池水源。消防管网布置成环状,车站消防干管在站台和站厅的水平面布置成环状,在站厅与站台两端也形成一个竖直的环状,在站台轨行区与区间消防管网连接,消防管进入区间前设置电动蝶阀,平时电动蝶阀常开一旦区间发生火灾,应保证区间消防水压,水量。车站、车辆段、停车场在消火栓的基础上还增了水喷淋灭火系统。图8-4是车站消防给水系统示意图。

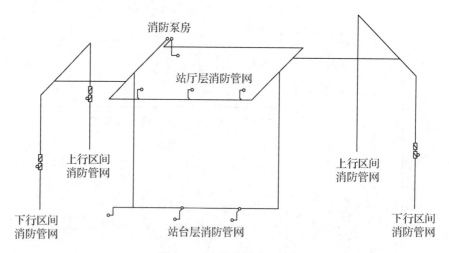

图 8-4　车站消防水系统

图 8-5　风亭中的市政给水和消防给水管道

二、排水系统

车站排水系统是车站排水及防灾的主要内容之一,及时排放车站内部的积水,对正常运营和行车安全具有重要意义。按照水的性质可以分为污水系统、废水系统和雨水系统,污水系统用于排除车站卫生间所产生的生活污水;而废水系统则用于排除消防废水、冲洗废水和结构渗漏水;雨水排水系统水源为雨水。

污水主要是指车站内卫生间及开水间生活污水,车站内都配有公共卫生间,污水泵设置在卫生间下的站台层设备区内。废水由地漏收集并排放至轨道两侧的排水明沟,再由废水泵加压输送至城市污水系统。

排水方式采用分流制排水方式,各类污水分类集中,就近排放。即污水经收集后排入城市污水排水管网,废水经收集后排入城市废水排水管网,雨水排入城市雨水排水管网。城市轨道交通的排水系统主要以车站排水系统为主,车辆段、停车场、主变电站等建筑物排水系统与车站类似。

排水泵站的设置有:卫生间污水泵房、车站内废水泵房、车站内主排水泵站、区间隧道主排水泵站、风亭处雨水排水泵站等。

1. 污水排水系统

车站污水排放系统如图 8-6 所示,主要由集水池、密闭式污水提升装置、管道及附件、压力井/检查井、化粪池等组成。排水管道将车站内的厕所、盥洗室、茶水间等生活污水汇集到密闭式集水箱,经污水提升装置提升到压力井消能,地面化粪池简单处理后,排入城市污水管网。

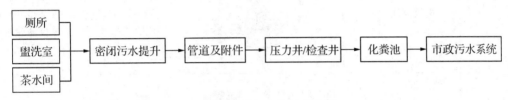

图 8-6　车站污水排放示意图

2. 废水排水系统

车站废水排放系统如图 8-7 所示,主要由集水池、潜污泵、管道及附件、压力井/检查井等组成。排水管道或排水沟将车站内的生产、消防废水、结构渗漏水汇集到集水池,经潜污泵提升到压力井消能后排入市政废水管网。

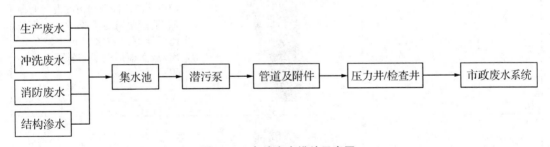

图 8-7　车站废水排放示意图

区间隧道设置独立的排水系统,其泵房设在区间隧道的最低处;明挖隧道的废水泵房设在隧道外侧或联络通道内;盾构隧道则利用联络通道作为废水泵房。

3. 雨水排水系统

雨水排水系统与废水排水系统采用设备、原理基本一样,区别在于废水排水系统的水源主要为生产废水,而雨水排水系统水源为雨水。

出入场线、出入段线洞口设雨水泵房,与废水泵房相比,雨水泵房水泵扬程低,流量大,压力井内进、出水管道要求与污水系统类似。

任务二　给排水系统设备

给排水系统主要设备包括控制设备、水泵设备、管道设备、阀门设备、室外给排水设备和保温设备等。

表 8-2　给排水系统设备

分类	设备名称	实物图	特点
控制设备	电接点压力表		将测得压力反馈给控制柜,判断是否达到提前设定的启泵/停泵压力,主要用于消防泵自动控制
	浮球开关		浮球开关是利用重力与浮力的原理设计而成。当浮球随液位上升或下降时,浮球内的微动开关会发生动作
	超声波液位计		超声波液位计利用声波发射的原理,根据发射与接收时间与声波速度计算出积水与超声波的距离,从而根据设置的量程计算出积水深度
水泵设备	消防泵		消防泵具有高扬程、大流量的特点,一般采用多级泵,用于保证消防用水的水量和水压。根据安装形式分,可分为立式消防泵和卧式消防泵。

（续表）

分类	设备名称	实物图	特点
水泵设备	潜污泵		潜污泵是一种集水泵与电机于一体，工作时整体浸没在输送介质内的一种水泵。按工作原理分为废水泵、自动搅匀潜污泵、污泥泵
	密闭污水提升装置		密闭污水提升装置是将污水进水管、集水池、污水泵和排水管集成为一体的一种设备，密闭无异味，环保卫生，节省空间
管道设备	热镀锌钢管		热镀锌钢管具有使用寿命长、耐腐蚀等优点。广泛用于生产生活给水管、消防管道、压力废水管、压力污水管
	球墨铸铁管		球墨铸铁管机械性能优良、防腐性能优异，但管体笨重。主要为室外生产、生活给水管和消防管道、区间消防管道
	PVC 管		PVC 管是聚氯乙烯的简称，主要用作重力排水管、卫生间排水管、室外排水管等无压管道
	衬塑钢管		主要用作车站冷凝水排水管，车辆段、停车场的生产、生活给水和消防给水
	法兰		用于将两个管道、管件或器材的紧密连接。无论是排水系统、给水系统，还是消防系统均有使用，甚至 PVC 管都可用

分类	设备名称	实物图	特点
管道设备	卡箍		卡箍连接也称为沟槽管件连接，方便快捷，主要用于排水系统和消防系统
阀门设备	闸阀		闸阀由阀杆带动，沿阀座密封面作垂直升降运动的阀门，作用是切断管路
	蝶阀		蝶阀又称翻板阀，是用圆形蝶板作为阀瓣，用于低压管道开关控制，依靠阀轴旋转来达到开启与关闭。车站多采用手动蝶阀和电动蝶阀
	截止阀		截止阀又称截门阀，属于强制密封式阀门，只适用于全开和全关，不允许调节和节流，多用于生产生活和反冲洗设备
	止回阀		止回阀又称逆止阀、单向阀、逆流阀和背压阀，是指利用阀前、阀后压力差完成自动启闭，从而防止介质倒流的阀门。止回阀属于一种自动阀门，其主要作用是防止介质倒流
	倒流防止器		倒流防止器是一种严格限定管道中水只能单向流动的水力控制组合装置，用于生活饮用水管道，避免回流污染
	安全阀		当管路中的流体压力超过一定值时，安全阀打开，排放一定量的液体，释放部分压力，保护管路安全

任务三　给排水系统运行管理

一、消防水泵运行管理

消防系统设有两台消防泵，一用一备，消防泵为一级负荷，由 FAS 进行监控，当工作泵发生故障时，能自动切换开启备用泵。其控制方式为就地控制、车站控制室集中手动控制、FAS 系统自动控制。消火栓箱内设消防水泵起动按钮控制，如有稳压装置时由管道压力开关自动控制。

车控室 FAS 工作站显示消防泵的起、停、故障状态信号、管网吸水管的压力信号、管网扬水管的压力信号。扬水管、吸水管上应安装电接点压力表。消防泵房应设电话或电话插孔。消防泵控制柜能对消防主泵进行定期自动巡检，并能将巡检结果反馈给电控柜、车控室和控制中心。

一般情况下，消防泵应考虑本站及相邻两侧的各半个区间，即本站发生火灾时，本站消防按钮或消防控制室起动本站消防加压设备，不考虑车站之间的备用。

图 8 - 8　消防泵、稳压泵及膨胀水箱

二、车站泵房运行管理

车站泵房集水池内一般设两台排水泵，一用一备轮换运行，必要时可同时运行。集水池一般设有超高、中、低、超低等终端液位控制器，根据水位高低自动控制水泵起停，并通过 BAS 进行监视，控制箱可实现液位自动控制及现场手动控制方式。

1. 车站废水泵站，区间泵站

车站废水泵站、区间泵站等主要泵站均采用双电源供电。泵站应设置两台排水泵，一用一备，定期轮换工作，当处于高水位时，双泵并联启动排水。废水泵为一级负荷，由车控室 BAS 进行监控。集水池内设五个水位，分别是：超低报警水位、停泵水位、第一台泵启泵水位、第二台泵启泵水位、超高报警水位。控制要求如下：

（1）超低水位报警，同时控制回路应保证水泵均处于停泵状态。

（2）当水位上升到达 1 泵开泵水位时，第一台泵开启。

（3）当水位继续上升到达 2 泵开泵水位时，控制回路应保证两台泵都处于运行状态。

（4）水位继续上升，到达警戒水位时发出超高报警信号。

（5）液位传感器输出液位信号给本站车控室的BAS，提供水位信号，实现本站车控室远程控制泵的起、停，以及紧急起、停。车控室BAS显示排水泵的起、停、故障状态信号。

（6）紧急起动、紧急停止控制不受转换开关的制约。主排水泵房设电话或电话插孔。

2. 车站污水泵房

车站污水泵房应在污水池内设两台排水泵，一用一备，依次轮换工作。污水泵为二级负荷，由车控室BAS进行监控。污水池内设四个水位，分别是：超低报警水位、停泵水位、启泵水位、超高报警水位。控制要求如下：

（1）超低水位报警，同时控制回路应保证水泵均处于停泵状态。

（2）当水位达到停泵水位时，水泵停止工作。

（3）当水位上升达到启泵水位时，一台水泵开启。

（4）当水位继续上升达到超高报警水位时，发出报警信号。

（5）液位传感器输出液位信号给车控室的BAS工作站，提供水位信号，实现本站车控室远程控制泵的起、停，以及紧急起、停。车控室BAS工作站显示排水泵的起、停、故障状态信号。

（6）紧急起动、紧急停止控制不受转换开关的制约。污水泵房设电话或电话插孔。

3. 局部排水泵房

局部排水泵房集水池内设潜污泵两台，平时互为备用，依次轮换工作。局部排水泵为二级负荷，由车控室BAS进行监控。集水池内设三个水位，分别是：停泵水位、第一台泵起动水位、第二台泵起动水位（同时为超高报警水位）。控制要求如下：

（1）停泵水位，此时控制回路应保证水泵均处于停泵状态。

（2）当水位上升到达1泵开泵水位时，第一台泵开启。

（3）当水位继续上升到达2泵开泵水位时，控制回路应保证两台泵都处于运行状态，同时发出超高报警信号。

（4）车控室BAS工作站显示排水泵的起、停、故障状态信号。

4. 雨水泵站

雨水泵站应设置设三台排水泵、互为备用、定期轮换工作，必要时三台同时使用。雨水泵为一级负荷，由BAS进行监控。集水池内设六个水位，分别是：超低报警水位、停泵水位、第一台泵起动水位、第二台泵起动水位、第三台泵起动水位、超高报警水位。控制要求如下：

（1）超低水位报警，三台水泵均处于停泵状态。

（2）当水位上升到达1泵起动水位时，第一台泵开启。

（3）当水位继续上升到达2、3泵起动水位时，控制回路应保证三台泵都处于运行状态。

（4）水位继续上升，到达警戒水位时发出超高报警信号。

（5）液位传感器输出液位信号给车控室的BAS工作站，提供水位信号，实现本站车控室远程控制泵的起、停，以及紧急起、停。车控室BAS工作站显示排水泵的起、停、故障状态信号。

（6）紧急起动、紧急停止控制不受转换开关的制约。雨水泵房设电话或电话插孔。

图 8-9 水泵就地控制箱

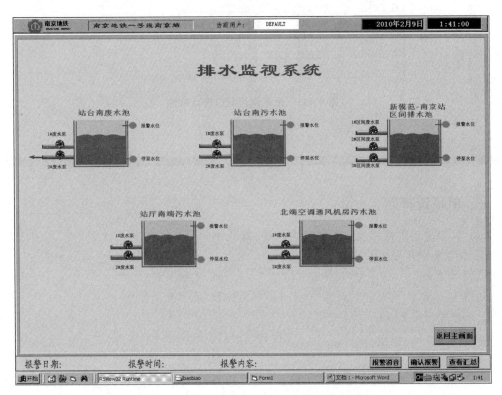

图 8-10 车控室 BAS 工作站给排水监视系统

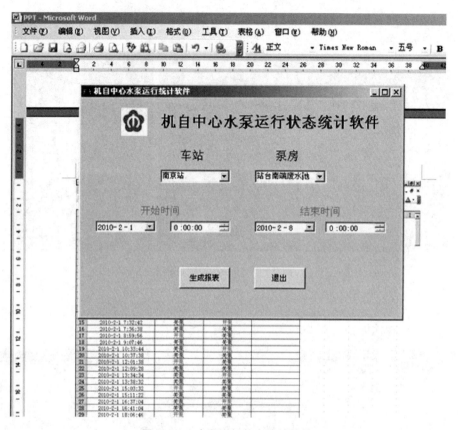

图 8-11　水泵运行状态统计软件

单元练习

一、单项选择题

1. (　　)的作用是将地下车站敞口风亭、露天洞口及出入口等雨水分别汇入附近集水坑,经废水水泵提升后排入城市管网。

A. 污水系统　　　　　　　　　　B. 废水系统

C. 雨水系统　　　　　　　　　　D. 城市管网系统

2. 消防管网布置成(　　)。

A. 竖状　　　　　　　　　　　　B. 环状

C. 线状　　　　　　　　　　　　D. 星状

3. 给排水系统主要设备包括控制设备、(　　)、管道设备、阀门设备、室外给排水设备和保温设备等。

A. 水泵设备　　　　　　　　　　B. 电气设备

C. 机械设备　　　　　　　　　　D. 系统设备

4. 消防系统一般配有(　　)台消防泵,采用一用一备的方式运行。

A. 一   B. 两

C. 三   D. 四

5. 消防泵为(　　)级负荷,污水泵为(　　)级负荷。

A. 一、一   B. 一、二

C. 二、二   D. 二、一

二、多项选择题

1. 城市轨道交通给排水系统包括(　　)。

A. 给水系统   B. 排水系统

C. 水消防系统   D. 喷淋系统

2. 车站给水系统主要包括(　　)。

A. 生产给水   B. 消防给水

C. 生活给水   D. 城市给水

3. 车站排水系统主要包括(　　)。

A. 污水系统   B. 废水系统

C. 雨水系统   D. 渗水系统

4. 以下属于一级负荷的有哪些(　　)。

A. 消防泵   B. 雨水泵

C. 废水泵   D. 污水泵

5. 消防给水系统从市政管网单独引入,由水源、(　　)、管道、(　　)、(　　)、(　　)等组成。

A. 消防水泵   B. 阀门

C. 消火栓   D. 水流指示器

三、判断题

(　　)**1.** 城市轨道交通车站一般采用水泵供水。

(　　)**2.** 给排水系统应满足车站对生产、生活和消防用水对水量、水质和水压的要求,不保证对车辆段排水畅通。

(　　)**3.** 当车站附近无城市污水排水系统时,地铁排出的生活污水无须经过处理,达到排放标准就能排放。

(　　)**4.** 排水泵是利用叶轮旋转而使水发生离心运动来工作的。

(　　)**5.** 密闭污水提升装置是将污水进水管、集水池、污水泵和排水管集成为一体的一种设备,密闭无异味,环保卫生,节省空间。

(　　)**6.** 消防泵具有高扬程、大流量的特点,一般采用多级泵,用于保证消防用水的水量和水压。根据安装形式分,可分为立式消防泵和卧式消防泵。

(　　)**7.** 蝶阀是用于低压管道开关控制,依靠阀轴旋转来达到开启与关闭。车站多采用手动蝶阀和电动蝶阀。

(　　)**8.** 倒流防止器是一种严格限定管道中水只能单向流动的水力控制组合装置,用于生活饮用水管道,避免回流污染。

四、简答题

1. 简述城市轨道交通车站给排水系统的组成。

2. 简述直接供水和水泵供水的特点。

3. 简述车站消防给水系统的一般形式。

4. 简述车站排水流程。

5. 简述车站废水泵控制要求。

项目九

通信系统

 学习目标

1. 了解城市轨道交通通信系统的传输媒介及分类。
2. 掌握通信系统的组成及功能。
3. 掌握通信系统的各子系统构成。

 **项目导学**

城市轨道交通通信系统作为城市轨道交通运营调度、企业管理、服务乘客、治安反恐、应急指挥的网络平台,是地铁正常运转的神经系统。它为车站工作人员提供内部、外部联络用通信手段;为运营调度指挥列车运行、下达调度命令、列车运营、电力供应、日常维修、防灾救护、票务管理等提供指挥专用通信工具;为旅客及工作人员以及运营所需各系统提供通信网络;为公安警务人员提供地铁警务指挥和业务联系的语音、数据、图像等业务;为市政府相关职能部门调度联络重要的无线通信保障。

通信系统在正常情况下应保证列车安全高效运营、为乘客提供高质量的出行服务;异常情况下能迅速转变为供防灾救援和事故处理的指挥通信系统。

任务一 通信系统概述

城市轨道交通通信系统是指挥列车运行、公务联络和传递各种信息的重要手段,由传输、无线、公务电话、专用电话、闭路电视监控系统、广播、时钟、乘客信息系统、集中告警等子系统组成,其服务涵盖了控制中心、车站、车辆段、停车场、地面路线、高架路线、地下隧道与列车。

一、通信系统的构成

城市轨道交通车站、控制中心、车辆段的通信系统主要包括:专用通信系统、民用通信系统、公安通信系统三部分,如图 9 - 1 所示。

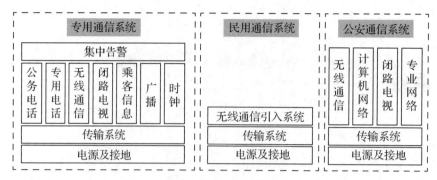

图 9 - 1　城市轨道交通通信系统组成

城市轨道交通通信系统是一个能传输语音、图像、数据等各种类型的综合业务数字通信网。为了使各子系统能够相互联系协同工作，一个可靠、合理、先进的传输主干及组网结构必不可少。传输主干及组网结构的优劣直接关系到各个通信子系统的运行效能。

二、通信系统的分类

通信系统是用以完成信息传输过程的技术系统的总称。

按传输媒质的不同，通信系统可分有线通信和无线通信。有线通信是指传输媒质为架空明线、电缆、光缆等形式的通信。无线通信是指传输媒质为电磁波，如：微波通信、短波通信、移动通信、卫星通信、散射通信和激光通信等。

按信道中所传信号的特征分，通信系统可分为模拟通信系统与数字通信系统。

按通信设备的工作频率不同，通信系统可分为长波通信、中波通信、短波通信、微波通信等。

按调制方式通信系统可分为基带传输和频带（调制）传输。基带传输是将没有经过调制的信号直接传送，如音频市内电话。频带传输是指信号经过调制后再送到信道中传输，接收端有相应解调措施通信方式。

按通信双方的分工及数据传输方向分类，通信方式可分为单工通信、半双工通信和全双工通信三种。单工通信是指消息只能单方向进行传输的一种通信工作方式。如广播、遥控等。半双工通信是指通信双方都能收发消息，但不能同时进行收和发的工作方式。如对讲机、收发报机等。全双工通信是指通信双方可同时进行双向传输消息的工作方式。如普通电话、手机等。

按通信业务不同分，通信系统可分为话务通信和非话务通信两大类。

按收发信者是否运动分为移动通信和固定通信。移动通信是指通信双方至少有一方在运动中进行信息交换。固定通信是指通信终端设备与网络设备之间主要通过电缆或光缆等线路固定连接起来，进而实现的用户间相互通信。

三、通信系统的作用

城市轨道交通通信系统担负着行车调度指挥、运营服务管理、信息传送、应急通信等作用。提供语音、数据和图像信息的传送和交换，并具有自身网络监控和管理功能；具有技术成熟、安全可靠和经济合理的特点。在突发和紧急情况下，为抢修抢险救灾提供应急通信。

1. 行车调度指挥

通信系统所提供的专用电话功能为运营控制中心各类调度提供与各车站各类专业人员传递调度生产命令提供通信手段,且这种语音通信是无阻塞的。无线列车调度功能为运营控制中心行车调度提供与列车驾驶员间联络的无线通话手段,这是行车调度指挥的重要功能。

2. 运营服务管理

通信系统中的公务电话系统提供轨道交通内外部公务业务联系的服务,广播系统和乘客导乘系统为乘客提供运营服务信息外,视频监控系统为运营管理者提供重要的管理辅助手段,同时也是轨道交通安全防范系统的主要组成部分,为轨道交通安全运营提供技术手段。

3. 信息传送

通信系统中的传输系统是线路站间的长距离传送平台,为各类轨道交通内专业系统提供专用传输通道来保证各类系统的正常运行,如信号、电力监控、自动售检票和其它各通信系统。

4. 应急通信

当发生事故和灾害时,需要相应的应急通信。专用通信系统除承担日常运营作用外,还需提供一定的应急通信功能,目前设计的通信系统只在各通信子系统中提供应急通信功能。如在电话系统中提供轨旁电话、车站应急电话功能。

四、通信系统的特点

建立可靠的、易扩充的、独立的通信网,是城市轨道交通系统安全、高效运营的重要保证和必然要求,城市轨道交通通信系统应具有技术先进、安全可靠、时效性高、接口丰富、可扩展性强等特点。

1. 技术先进

为了使系统能够满足将来发展的需要,结合国内外通信行业发展动态,城市轨道交通通信系统一般采用国际上先进而成熟的技术,采用国际标准。

2. 安全可靠

城市轨道交通通信系统传输的语音、数据、图像等信息具有高度的敏感性,因此系统需要有严密的安全措施,对数据存储、传输等应采取安全有效的保密手段。

3. 时效性高

城市轨道交通系统的安全运行,要求通信系统时效性要高,尽可能减小时延。对通信骨干网络而言,必须在最短的时间内将应用信息传送到目的地,同时在网络发生故障而中断时,应在最短的时间内自愈。

4. 接口丰富

在城市轨道交通系统中,语音通信、信号系统、公共广播、列车监控系统、售检票系统、闭路电视监控系统等的信息,都通过一个单一可靠的通信骨干网络来传输,这就要求通信系统要有丰富的接口。

5. 可扩展性强

城市轨道交通通信系统,投资大且集成度高,它必须顾及今后的技术进步、应用拓展和网络扩容等需求。简便的系统升级、无限的网络延伸和灵活的功能扩展,是通信系统总体要求。

任务二 通信系统各子系统

城市轨道交通通信系统,一般由无线通信系统、交换系统、传输系统、时钟系统、闭路电视视频监控系统、广播系统、乘客信息系统、通信不间断电源系统等组成,构成传送语音、数据和图像等各种信息的综合业务通信网,如图 9-2 所示。

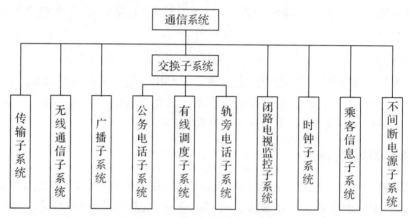

图 9-2 城市轨道交通通信系统

一、传输系统

传输系统是一个可以传输语音、数据、图像的多业务光纤传输网络。承载的业务包含专用无线系统、公务/专用电话系统、闭路电视视频监控系统、广播系统、时钟系统、乘客信息系统、电源系统、列车监视系统、电力监控系统、环控系统、火灾报警系统、自动售检票系统、综合监控系统、办公计算机网络等。

传输系统由光纤骨干网、网络节点、用户接口卡、网络管理系统组成,传输介质主要有光纤和电缆,短距离传输可使用电缆或多模光纤,长距离传输使用单模光纤。城市轨道交通传输系统使用的传输制式主要为开放传输网络(Optical Transport Network,OTN),其一般采用自愈双环网络结构,一个环路运行,负责传输信息,称为主环;另一个环路备用,称为次环。两个环路功能一致,当主环出现故障,能自动切换到次环,保证正常通信。如图 9-3 所示。

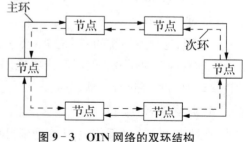

图 9-3 OTN 网络的双环结构

一般来说,城市轨道交通的车站在空间上呈链形结构分布,控制中心,每个车站及车辆段都有传输节点。为了避免顺站环接首尾距离过长损耗太大,节省对光缆的投资,南京地铁的传输系统采用跳站回环的方式进行连接成逻辑双环结构,并采用主备环保护方式确保业务通道的可靠性。图9-4为车站采用跳站回环相连接的示意图。

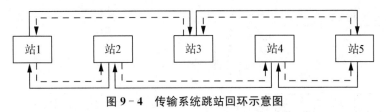

图9-4　传输系统跳站回环示意图

OTN网络采用双环结构,使用并行光纤工作,结合每个节点的控制法则,使网络具备了一定的自愈能力。

当主环上发生单个故障,如光纤开路或发送器或连接器故障,网络就会切换到次环,如图9-5所示。

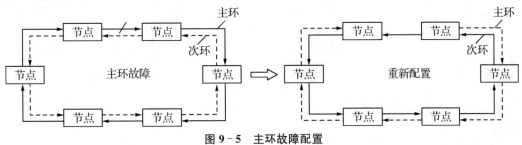

图9-5　主环故障配置

当次环发生故障时,系统不采取网络重组动作,将环路状态信息报告控制中心,如图9-6所示。

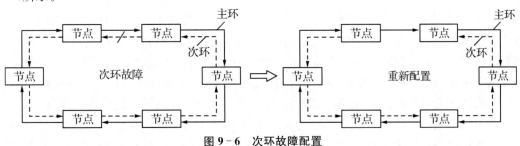

图9-6　次环故障配置

当双环在同点发生故障时,采用回环措施,把主环和次环输出回环连接起来,如图9-7所示。

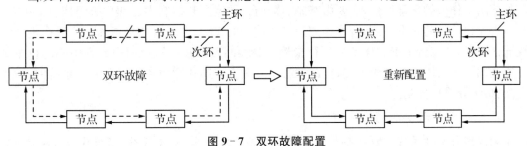

图9-7　双环故障配置

当节点发生故障时,则该故障节点相邻的两个节点进行回环操作。从主环接收到的信息会注入次环,这样就把故障节点隔离开,系统重新配置两个环路,避开故障节点,如图9-8所示。

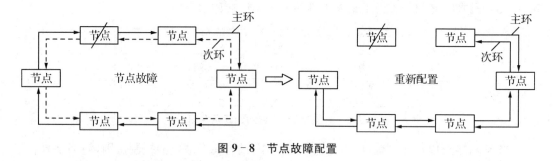

图9-8 节点故障配置

当同时发生多个故障时,传输系统会分裂为多个子环路,每个子环路系统中的节点都正常操作,如图9-9所示。

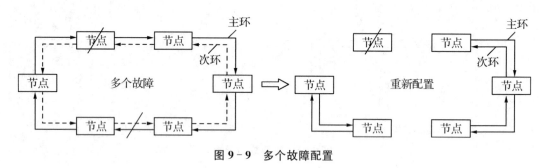

图9-9 多个故障配置

二、无线系统

城市轨道交通无线通信系统由专用无线、消防无线和公安无线三部分组成,专用无线是高速行驶的城轨列车与行车调度系统之间唯一的通信方式,承担着保障城轨列车正常运行、城轨系统安全运营及保障乘客生命安全的重要责任。消防无线是消防队在火场救火抢险的主要通信手段,地铁内部的消防无线信号的覆盖充分满足了消防队在地铁下救火抢险的需要。公安无线为公安部门在地铁内的值勤、巡逻以及突发事件的处理提供通信保障。

城市轨道交通中使用了数字集群通信系统,所谓数字集群通信系统,即系统所具有的可用信道为系统的全体用户共用,具有自动选择信道功能,它是共享资源、分担费用、共用信道设备及服务的多用途、高效能的无线调度通信系统。数字集群通信系统用于列车调度和城轨各部门工作中的日常通信,主要由基站、移动台、调度台和控制中心四部分组成。其中,基站负责无线信号的转发;移动台作为用户直接使用的终端,在无线信号覆盖的区域内提供无线通信服务;调度台负责对移动台进行指挥、调度和管理,在城轨应用中调度中心的行车调度通过调度台指挥调度正线列车;控制中心主要负责控制和管理整个集群通信系统的运行、交换、接续和维护控制。

1. 无线集群调度系统的结构

无线集群调度系统主要包括核心子系统、网关路由器、无线基站、调度设备、网管终端等。在此系统内再增配一些选项并自成系统,如核心冗余备份子系统、电话子系统、短数据子系统和分组数据子系统。总的来说,除了分组数据子系统需要短数据子系统的支援和每一个应用编程界面需要经过边界路由器来实现二次开发应用外,每一个选项子系统为一个独立工作个体。图9-10为一个全套配置的无线集群调度系统。

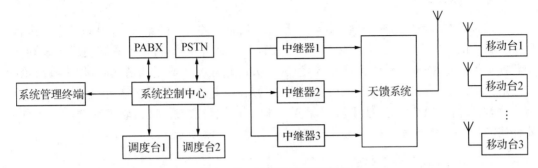

图9-10　无线集群调度系统

在无线通信系统中,主要靠天线辐射和接收无线电波。发射时,把高频电流转换为电磁波。接收时,把电磁波转换为高频电流。天线的型号、增益、方向图、驱动天线功率、天线配置和天线极化等都影响系统的性能。在城市轨道交通各车辆段、停车场均使用天线覆盖。当列车运行与地下隧道及高架桥上时,由于运行环境狭长,用传统天线难以实现对轨行区无线信号的均匀覆盖,使用泄露电缆可以很好地实现无线信号的均匀覆盖。泄露电缆又称泄露同轴电缆,与普通的同轴电缆结构基本一致。由内导体、绝缘介质和开有周期性槽孔的外导体和电缆护套组成。电磁波在漏缆中纵向传输的同时通过槽孔向外界辐射电磁波,外界的电磁场也可通过槽孔感应到漏缆内部并传送到接收端,如图9-11所示。

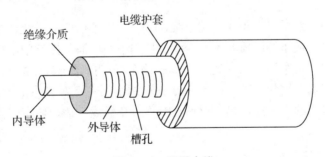

图9-11　泄漏电缆

2. 无线集群调度系统的功能

(1) 基本通话功能。包括调度与移动台之间的短信传送功能;调度与移动台之间的紧急呼叫功能;列车在车厂与正线之间组别自动和手动转换、动态构组功能;组呼及全呼功能;调度台与有线电话的转接功能。

(2) 基本入网功能。包括入网时间短,按压PTT(通话按键)0.5 s接入语音信道,呼叫申请自动重发,遇忙排队自动回叫,紧急呼叫,限时通话等。

(3) 可选功能。包括新近用户优先,动态重组,位置登记及漫游,连续信道指配更新等。

(4) 误导移动台保护。用户识别码不正确自动退回信令信道,保证信道用户通话的私密性。

（5）**遥毙。**消除由于丢失或被窃移动台引起的潜在危险，中央控制器定时或不定时发送控制信令"遥毙"移动台。禁用、限制移动台使用功能，移动台程序清除。

（6）**系统容错。**中央控制器热备份，备用控制信道，故障弱化；连接终端，系统降级运行。

三、广播系统

广播系统在城市轨道交通通信领域中是一个相对比较重要的系统，是城轨行车组织、管理不可缺少的手段。它的主要作用有三个方面，一方面是服务运营，为乘客提供列车到站，线路换乘等信息，播放音乐改善候车环境；另一方面是在突发或紧急情况时，作为事故抢险和组织指挥的防灾广播，对乘客进行及时有效的疏导；此外，广播系统还可以对运营人员进行广播，发布有关通知信息，便于协同配合工作，提高服务质量。城市轨道交通广播系统主要使用的是数字 IP 网络广播系统，网络结构图如图 9 - 12 所示。

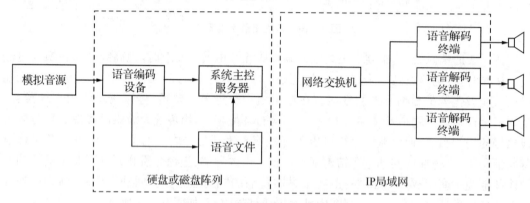

图 9 - 12　数字 IP 网络结构示意图

城市轨道交通广播系统由正线广播系统、车辆段/停车场广播系统两个相对独立的系统组成。正线广播又分成车站广播和统管全线的控制中心广播。控制中心广播通过地铁传输系统提供的传输通道与车站广播系统、车辆段/停车场广播系统进行联网，实现控制中心对车站、车辆段/停车场监控和管理。控制中心到车站采用一点对多点的方式连接，控制中心到车辆段采用点对点的方式连接，只进行监测，不对车辆段广播。城市轨道交通广播系统组网图如图 9 - 13 所示。

3. 控制中心广播系统的功能

城市轨道交通中的控制中心是每条线路的大脑和中枢，是维系整条线路正常运行的最重要的位置。在广播系统中，控制中心广播设备主要提供两方面功能：

（1）中心调度使用，对线路各个车站进行一些紧急的广播或通知。通常在每条线路的控制中心调度大厅内，设有行调、环调、客调三台中心广播控制盒，一旦有紧急情况发生，调度能及时对车站发布信息。当控制中心和车站同时使用时，应按优先级顺序广播，优先级顺序按从高到低依次为：控制中心防灾调度员、车站值班员、站台站务员、控制中心总调和列调、ATS 信号系统出发广播和音乐。

（2）接受信号系统中的 ATS 信号并发送至各站点，从而实现列车进站、到站的自动广播控制。

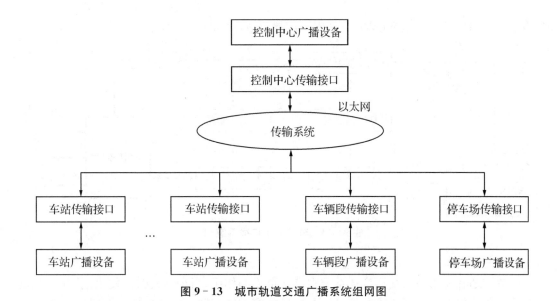

图 9 - 13　城市轨道交通广播系统组网图

4. 车站广播系统的功能

车站广播系统主要提供列车进站及到站时的广播语音播放以及车站值班员对车站内相应区域进行广播,主要为站厅、站台、办公区以及车站出入口等。

(1) 对乘客的广播

对乘客的广播主要是通知列车到站、离站、线路换乘、列车误点、时间表改变、对乘客的提醒或播放背景音乐以改善候车环境,播音范围主要是站台和站厅。

(2) 对工作人员的广播

对车站工作人员的广播主要是发布作业命令、有关通知、通告等信息,以便迅速通知现场相关工作人员协同工作。

(3) 应急广播

在出现突发事件或紧急情况时,值班员或应急指挥人员通过广播控制盒进行事故抢险和组织指挥的应急广播。对工作人员进行调度指挥,对乘客进行及时的安抚和疏导。同时,一旦发生火灾等情况时,系统还将协同 FAS 系统进行自动或手动消防广播。

5. 广播系统设备运行方式

在城市轨道交通中,广播系统运行方式主要可以分为自动广播、人工广播以及应急广播三种方式。其中,人工广播又可以分为中心人工广播和车站人工广播。

(1) 自动广播

自动广播是广播系统自动进行的广播,不需要人为进行任何操作。在城市轨道交通中,自动广播最重要的功能在于各个车站对列车进站、到站信息进行实时广播,为乘客出行提供便利。

(2) 人工广播

人工广播的定义范围较为宽泛,需要手动完成广播播报的都可以称为人工广播。人工广播按照广播源的出处来分,具体可以分为控制中心的人工广播以及车站人工广播以及车辆段人工广播。车站人工广播在日常轨道交通运营中使用频率较高,除了列车进站、到站的自动广播以外,车站值班员或客服人员对整个车站的相关区域都能进行广播。其方式可以分为手动广播以及人工语音广播,车站人工广播系统图如图9-14所示。

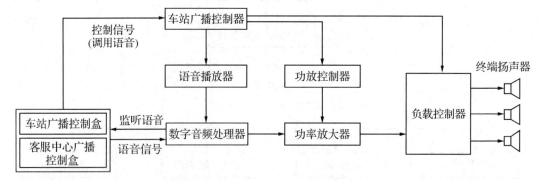

图 9-14 车站人工广播系统图

(3) 应急广播

应急广播在城市轨道交通广播系统中有着重要的作用,当车站公共区发生危险时,能迅速通过应急广播发布乘客避险的信息以及指导乘客安全疏散。应急广播主要可以分为人工应急广播以及自动应急广播两种模式。人工应急广播通常是由控制中心调度或者车站值班员在发生紧急情况下,通过预先录制的紧急广播文件或者直接语音对外进行广播。自动应急广播留有与 FAS 系统的接口。一旦出现火灾等紧急情况,FAS 系统将通过传感器发现险情并及时发出报警,如图9-15所示。

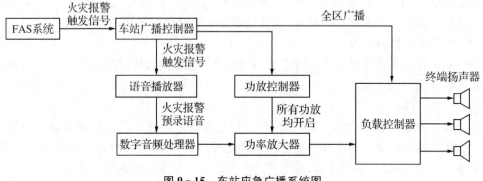

图 9-15 车站应急广播系统图

四、电话系统

电话系统为城市轨道交通的管理、运营和维修人员提供语音服务。电话系统主要分为公务电话系统和专用电话系统。

1. 公务电话系统

城市轨道交通公务电话系统主要用于轨道交通内部各部门之间的电话联系。公务电话相当于企业的内部电话网,其核心是程控数字交换机,再通过中继线路与城市话网相连,程控交换机的分机分布在城市轨道交通的各办公管理部门、OCC、车站、设备室等需要通话的区域。

公务电话系统是轨道交通运营控制的重要通信工具。公务电话系统根据轨道交通的规模具有不同的容量。通常情况而言,一个车站基本上为一个 2Mbit 通路(30 个电话)。公务电话系统可设 1～2 个交换局,通常交换机置于控制中心,各个车站通过远端模块实现电话的接入。程控数字交换机是公务电话的核心,它实质上是一部由计算机软件控制的数字通信交换机,按用途可分为市话、长话和用户交换机。交换机在硬件上采用全模块化结构,提供高集成度、高可靠性、高功能、低成本的硬件产

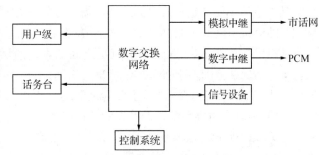

图 9-16　程控数字交换机的结构示意图

品;软件上采用高级语言,具有多种为数据交换和连接而设计的系统软件,功能强大。程控数字交换机的结构示意图如图 9-16 所示。

2. 专用电话系统

专用电话系统是调度员与车站、车辆段值班员指挥列车运行和下达调度命令的重要通信工具,是为列车运营、日常维修、防灾救护提供指挥的专用通信系统。根据运营需要和业务性质,专用电话系统包括调度电话系统和站内、站间和轨旁电话系统。城市轨道交通调度电话系统为城市轨道交通的调度人员,如行调、电调、维调、环调等提供专用的直达通话。调度电话系统最基本的功能包括通话功能、选叫功能、会议功能、录音功能。各调度台能快速地单独分组或全部呼出所属分机,下达调度命令;各调度分机摘机就可呼叫对应的调度台。

调度电话系统主要包括调度总机、调度台和调度分机三部分,并通过城市轨道交通专用传输系统或通信电缆相连接组成调度电话网。其系统构成如图 9-17 所示。调度总机是调度电话系统的核心,由具有交换功能的交换机组成,设置在控制中心,为调度人员提供专用的通信服务。

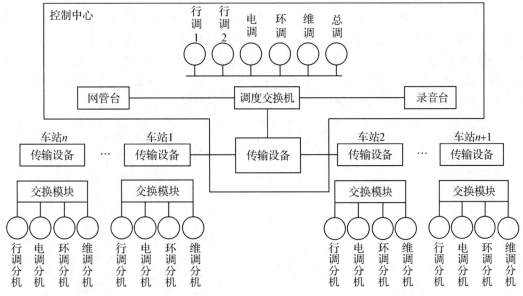

图 9-17　调度电话系统构成

站内电话主要满足车站内部的通话需要，提供站内各区域和车站值班员之间的直达通话。站间电话主要是为车站值班员提供与相邻车站、联锁站值班员之间的直达通话，站间行车电话通话范围限于两个车站值班员之间，不允许越站通话。轨旁电话安装在隧道内，主要满足系统运营和维护及应急需要，为列车司机和维修人员在紧急情况下及时联系车站及相关部门提供通话，轨旁电话具有抗冲击性和防潮等特性，区间 150～200 m 安装一部电话，通过插座或开关转换可接站内电话和公务电话，轨旁电话如图 9-18 所示。

图 9-18　轨旁电话

五、闭路电视监控系统

城市轨道交通闭路电视监控系统(Closed Circuit Television,CCTV)为控制中心调度管理人员、车站值班员、列车司机及站台工作人员等所管辖的站厅、站台、出入口、机房等主要区域提供实时视频监控服务，以确保城市轨道交通正常安全地运行。控制中心调度员可对各车站进行集中监视，车站值班员可对车站站厅、站台等主要区域进行监视，列车司机可对相应站台的旅客上、下车等情况进行监视，控制中心调度员、车站值班员具有人工和自动选择显示画面的功能，控制中心还具有录像功能。

闭路电视视频监控系统是地铁运营管理现代化的配套设备，系统采用车站、控制中心、上级监控中心三级互相独立的监控方式。正常情况下，以车站值班员控制为主进行视频监控，控制中心调度员可任意选择上调各车站的任一摄像头的监控画面。在紧急情况下，转换为以控制中心调度员控制为主进行视频监控。在有多条线路的情况下，上级管理中心可以设置上级监控中心，根据需要调看各线路监视画面，从而形成车站、控制中心和上级监控中心三级闭路电视视频监控系统。

闭路电视监控系统一般由前端、传输、显示、控制和记录等部分组成。前端主要用于获取被监控区域的图像，一般由摄像机、镜头、云台、解码器和防尘罩等组成。传输部分的作用是将摄像机输出的视频信号馈送到中心机房或其他监视点，一般由馈线、视频电缆补偿器、视频放大器等组成。显示和记录用于视频处理、输出控制信号、接受前端传来的信号，包括监视器、各种控制设备和记录设备等。闭路电视监控系统框图如图 9-19 所示。

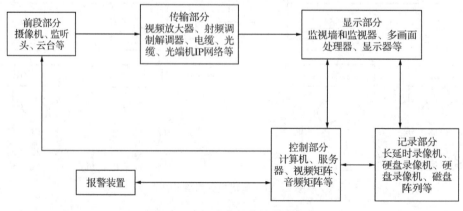

图 9-19　闭路电视监控系统框图

六、时钟系统

时钟子系统为通信各子系统、信号系统、电力监控系统、自动售检票系统、防灾报警系统、门禁系统、计算机系统等各有关系统的设备及中心调度员、车站值班员等所在的运营管理主要工作场所提供统一、标准时间信号,并且为乘客提供标准的时间信息,为城市轨道交通系统提供统一的时间信号。时钟系统的设置对保证列车运行计时准确、提高运营服务质量起到了重要的作用。

时钟系统采用控制中心与车站/车辆段/停车场两级组网方式,由中心一级母钟、车站/车辆段/停车场二级母钟、子钟及传输通道、接口设备、电源和时钟系统网管设备组成。一级母钟设于控制中心综合设备室,其中高稳晶体振荡工作钟采用主备用工作方式。二级母钟设于车站/车辆段/停车场通信设备室内,二级母钟采用主备用工作方式,接收一级母钟的校时信号并向子钟发送标准时间信号校准子钟。子钟设于控制中心调度大厅和车站的站厅、车站控制室、公安办公室、AFC票务室、站台等,在车辆段/停车场信号楼运转室、值班员室、停车列检库、联合检修库等有关地点设置子钟。城市轨道交通时钟系统组网如图9-20所示。

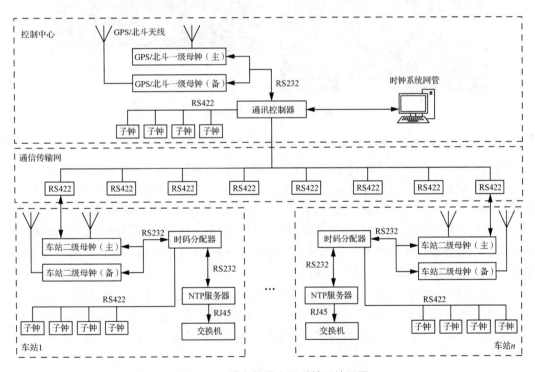

图9-20　城市轨道交通时钟系统组网

1. 时钟系统的设备运行

时钟系统的设备主要由中央级设备和车站级设备组成。

中央级设备主要是一级母钟系统,包括一级母钟和GPS/北斗接收单元组成。一级母钟自动接收GPS/北斗标准时间信号,校准自身的时间精度,并分配精确时间给二级母钟。中央级设备还包括GPS/北斗接收模块、一级母钟显示屏和GPS/北斗信号模拟输出模块等。当模块无法正常接收GPS/北斗信号时,可通过内置高稳定晶体振荡器提供时间信号,4~8个并行通道同时接收4~8个GPS/北斗卫星信号。一级母钟显示屏按时、分、秒格式显示,全时标日期显示屏按年、月、日、星期、时、分、秒格式显示。

车站级设备主要是二级母钟系统,包括二级母钟、一级母钟信号同步模块、子钟驱动模块和信号输出模块等。二级母钟在同步一级母钟时间后,驱动子钟运作,二级母钟能够自主产生时间信息,它与一级母钟是校对关系,而不是绝对服从;一级母钟信号同步模块接收一级母钟标准时间信息,内建高稳定晶体振荡器,自主产生时间信息,定时与一级母钟校对,同步标准时间;子钟驱动模块驱动子钟运作,为子钟提供时分驱动;信号输出模块为其他需要标准时间的系统提供时钟信息,提供匹配的接口类型和传输通信协议。在站台、站厅,一般使用直径为800 mm或600 mm的子钟,双面显示且带背光照明,供乘客、工作人员使用,在办公区,采用300 mm单面无背光照明子钟,供站内工作人员使用。

图9-21 时钟系统设备

2. 时钟系统的控制模式

城市轨道交通时钟系统的控制模式分为中央控制运行模式和车站降级控制模式。

中央控制运行模式是时钟系统正常状况的控制模式,此时一级母钟正常接收卫星信号,传送标准时间给二级母钟及其他需要时间信号的设备,当一级母钟不能正常接收卫星信号时,可通过自身高稳晶体振荡器运作提供时间信号给二级母钟等终端用户,以满足地铁运营的要求。此时各设备所接收的信号仍然来自一级母钟,只是这个时间信号并不是来自GPS/北斗卫星,而是来自一级母钟的晶体振荡器。

车站降级控制模式是当一级母钟不正常接收GPS/北斗信号且一级母钟故障不能向二级母钟传送时间信号时使用车站降级控制模式。此时二级母钟自身高稳晶体振荡器运作提供子钟时间信号,但不给其他系统提供时间信号,当二级母钟故障时,子钟自行运作,继续向乘客提供时间显示。

七、乘客信息系统

乘客信息系统(Passenger Information System,PIS)指的是城市轨道交通采用成熟、可靠的网络技术和多媒体传输、显示技术,在指定的时间,将指定的信息显示给指定人群的系统。其主要功能是引导乘客安全、顺利、迅速地完成整个车站的旅程,避免乘客滞留在车站内引起拥塞。在紧急疏散时,乘客信息系统可以清晰地引导乘客顺利地离开危险区域及车站。乘客信息系统的显示终端设置在站厅、站台、出入口、列车客室等场所,让乘客及时准确地了解列车运营信息和公共媒体信息。车载设备通过接收无线传输的信息经处理后实时地在列车车厢 LCD 显示屏上进行音视频播放,使乘客通过正确的服务信息引导,安全、便捷地乘坐轨道交通。

图 9-22　乘客信息系统

1. 乘客信息系统的结构

乘客信息系统主要有控制中心系统、车站系统、车载系统、网络系统等组成。

控制中心系统是乘客信息系统的核心部分,主要负责外部信息流的采集、播出版式的编辑、视频流的转换、播出控制和对整个系统设备工作状态的监控以及网络的管理。控制中心子系统主要设备有:中心服务器、中心播出服务器、中心操作员工作站、中心网络管理/系统监控工作站、网络视频、数字电视设备等。控制中心设备构成了一个完整的播出和集中控制系统。同时,控制中心子系统还将提供多种与其他系统的接口。

车站系统的主要构成为车站服务器、车站操作员工作站、流解码器、信息播放控制器、分屏器、车站网络系统和现场显示设备等。车站系统通过传输通道转播来自控制中心的实时信息,并在其基础上叠加本站的信息,如列车运行信息、公告信息和各类个性化信息等。

车载系统基于无线传输网络,可以实现列车与地面之间的双向高速实时通信。目前用于车地通信的无线网络有无线局域网(WLAN)、WINMAX、数字电视地面广播、地铁专用无线通信(数字集群 TETRA)等。车载设备通过接收无线传输的信息,经处理后实时地在列车车厢 LCD 上进行音频、视频播放。车载系统兼有对乘客乘车情况的监视功能,能够通过监视器采集列车车厢内乘客的乘坐情况,对视频信息进行记录和显示,并能实时上传至控制中心。

网络系统是基于通信骨干传输网上给乘客信息系统提供网络通道,该通道用来传输从控制中心系统到各车站、车辆的各种数据信息、视频信息和控制信息。网络系统包括有线网络、无线网络。

2. 乘客信息系统的功能

乘客信息系统主要是为了方便乘客乘坐城市轨道交通列车而设置的,显示的信息有下一列列车到站信息、列车时刻表、地铁票务信息等。根据不同需要,在站厅、站厅内分别显示不同的内容。乘客信息系统的总体功能主要体现在以下几方面:

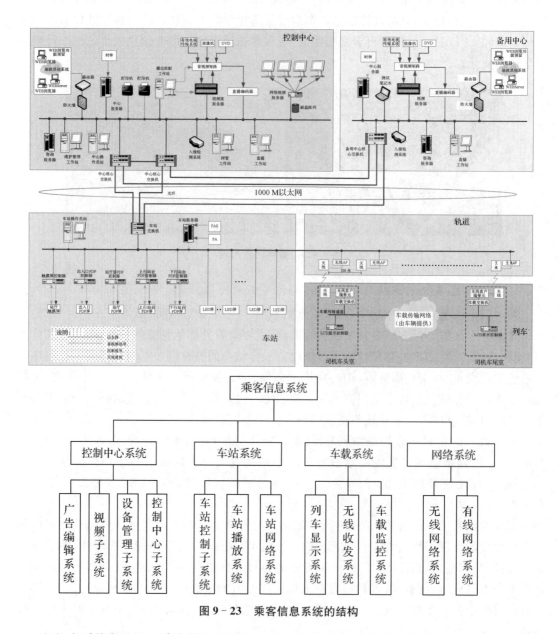

图 9-23 乘客信息系统的结构

（1）**实时信息显示。**乘客信息系统的主要功能就是实时显示各种信息。系统采用同屏幕多区域信息并行发布形式，使屏幕不同区域的信息根据数据库信息的改变实时更新。通过中心信息管理工作站，操作员可以及时编辑指定的提示信息，发布至指定的终端显示屏，设置发放信息的优先级并指定信息是以特别形式或紧急形式发布。

（2）**紧急疏散功能。**乘客信息系统提供应急功能，即紧急灾难告警模式。通过乘客信息系统与消防、公安、监视系统等的紧密结合，预先设置多种紧急灾难告警模式，一旦发生紧急状况，立即中断正常信息发布，通过声音与图像的形式提醒乘客紧急避险，指示正确的疏散通道。

(3) 广告发布功能。 乘客信息系统提供了广告发布平台，可以播出文字、图片、影音多媒体等多种形式的咨询信息，吸引乘客的注意力，提高城市轨道交通运营公司的运营效益。

(4) 综合信息发布功能。 乘客信息系统提供信息查询功能，乘客可通过触摸屏等终端设备，检索城市轨道交通公司宣传资料、地面交通信息、电子地图、网络广告、车船航班票价信息、旅游信息、酒店及宾馆资料等。

(5) 时钟显示功能。 PS提供与时钟系统的接口，可读取该系统的时钟基准，同步系统所有设备的时钟，并在播出各类信息的同时显示多媒体时钟。

(6) 对终端显示设备有广泛的兼容性。 乘客信息系统能够良好地兼容多种终端显示设备，包括 LED、触摸屏、PDP(驱动电源屏)、投影仪、LCD(监控触摸屏)、CRT(显示器和液晶显示器)显示屏等多媒体显示设备。

(7) 全数字传输功能。 乘客信息系统从中心信号采集开始即采用全数字方式，所有信息经过视频流服务器处理和 IP 网关封包，转换成 DVB - IP 数据包，通过传输网络发送至各站，车站显示设备将数据包解码，转换成数字视频信号进行显示。

(8) 友好的操作界面及完善的播放机制。 乘客信息系统软件应具备友好的操作界面。各站点信息的发布采用集中控制和自动播出方式，设立标准的时间表播放机制，包括周、日、节假日等。系统根据时间表自动播出，不需要有人值守。

(9) 网管功能。 乘客信息系统具有网管功能，提供远程管理控制，可以实时监控各终端显示节点状态，并自动生成网络故障统计报表。

单元练习

一、单项选择题

1. ( )是指传输媒介为架空明线、电缆、光缆等形式的通信。

A. 有线通信   B. 无线通信

C. 模拟通信   D. 数字通信

2. 具有全集成化、高可靠性、高防护等级的是( )的特点。

A. 固定电话   B. 普通电话

C. 手执电话   D. 区间电话

3. 通过( )不仅可以对相关区域实时监视，掌握人员、物资、车辆的流动情况；而且可以及时排除设备故障，保证生产的正常运行。

A. 闭路电视监控系统   B. 公务电话系统

C. 广播系统   D. 乘客信息系统

4. ( )以计算机及多媒体应用为平台，以车站和车载显示终端为媒介向乘客提供信息的系统。

A. 乘客信息系统   B. 通信系统

C. 时钟系统   D. 专业通信系统

5. 城市轨道交通专用无线通信的主要功能是( )。

A. 语音呼叫功能   B. 通话功能

C. 数据业务传送功能   D. 系统辅助功能

二、多项选择题

1. 按通信双方的分工及数据传输方向分类,通信方式可分为(　　)。

A. 单工通信   B. 半双工通信

C. 全双工通信   D. 无线通信

2. 根据运营需要和业务性质,专业电话系统包括(　　)。

A. 调度电话   B. 站内直通电话

C. 站间行车电话   D. 轨旁电话

3. 乘客信息系统采用控制中心和车站二级组网结构,由(　　)组成。

A. 控制中心系统   B. 车站系统

C. 车载系统   D. 网络系统

4. 车站广播系统的运行方式可以分为哪几种(　　)。

A. 自动广播   B. 人工广播

C. 应急广播   D. 手动广播

5. 车站广播系统主要用于对车站乘客、维修和运行人员进行广播,通知(　　)等信息或预先录制的通告。

A. 有关时间表的变更   B. 列车的误点

C. 安全状况   D. 偶发事故

三、判断题

(　　)**1.** 无线通信是指传输消息的媒介为看不见、摸不着的一种通信形式。

(　　)**2.** 全线高架区间不设区间电话,由集群无线通信手持电台设备实现高架区间内的正常通话。

(　　)**3.** 时钟系统的设置对保证轨道交通运行计时准确、提高运营服务质量起到了重要的作用。

(　　)**4.** 城市轨道交通通信系统担负着行车调度指挥、运营服务管理、信息传送、应急通信等作用。

(　　)**5.** 城市轨道交通通信系统的传输子系统一般采用双环结构。正常运行时,两个环路都参与工作。

(　　)**6.** 车站、车辆段、停车场一般设有一级母钟。

(　　)**7.** 车站子系统是乘客信息系统的核心部分。

(　　)**8.** 乘客信息系统主要是为了方便乘客乘坐城市轨道交通列车而设置的,显示的信息有下一列列车到站信息、列车时刻表、地铁票务信息等。

(　　)**9.** 值班员监视器无监控图像,车站值班员可将话筒与控制盒连接处重新装好。

(　　)**10.** 乘客信息系统指的是城市轨道交通采用成熟、可靠的网络技术和多媒体传输、显示技术,在指定的时间,将指定的信息显示给指定人群的系统。

四、简答题

1. 简述通信系统的分类。

2. 简述公务电话的主要功能。

3. 简述闭路电视监控系统的功能。

4. 简述乘客信息系统的功能。

5. 简述广播系统的组成。

项目十

综合监控系统

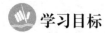 学习目标

1. 了解城市轨道交通综合监控系统的架构及功能。
2. 掌握 IBP 盘的主要功能。
3. 理解综合监控系统的控制优先级。

项目导学

城市轨道交通是一个庞大的系统工程,涉及面广,技术复杂、专业繁多,需要各系统、各部门的协调配合才能完成整个项目的建设、运营和管理。为确保行车安全和给乘客提供安全、快捷、舒适的乘车环境。城市轨道交通系统中设置了大量的监控系统。

20 世纪 90 年代以后我国新建和改建的城市轨道交通项目大都采用了较为先进的监控系统。这些系统主要包括:电力监控系统(SCADA)、列车自动监控系统(ATS)、自动售检票系统(AFC)、屏蔽门系统(PSD)、火灾报警系统(FAS)、机电设备监控系统(EMCS/BAS)、闭路电视系统(CCTV)、乘客信息系统(PIS)等。然而早期的城市轨道交通项目各系统均为独立设置,即处于分立的自动化监控阶段。

国内城市轨道交通第一次采用综合自动化监控系统的是深圳地铁 1 号线工程。此项目确定了将 BAS、SCADA、FAS 系统集成在一起,同时也在 OCC 建立一个 67 英寸投影单元的大屏幕墙,将地铁各专业信息接入。

广州地铁 3 号线和 4 号线,已开始实施国内最大的综合监控系统,称为广州地铁 3 号线、4 号线主控系统。该主控系统集成和互联的系统共 12 个,几乎包括了地铁运营的所有系统。

还有一些新建城轨项目也在积极探索,如南京地铁、杭州地铁、苏州地铁等。综合监控系统正成为国内城市轨道交通自动化系统的发展趋势。

任务一　综合监控系统概述

综合监控系统(Integrated Supervisory and Control System,ISCS)就是将彼此孤立的各类设备控制系统通过网络和集成软件有机地连接在一起,建成一个信息共享平台,实现不同工况下各系统的联动、信息高度共享和系统的自主决策。综合监控系统包含了内部的集成子系统,并与其他专业自动化系统互联,实现信息共享,促进城市轨道交通高效率运营。

一、城轨综合监控系统集成方案

根据与相关系统的接入模式,综合监控系统对各相关系统的接入可分为集成、互联两种方式:

(1)集成。某系统的中心级或车站级全部功能由综合监控系统实现,该系统的全部上、下行信息都由综合监控系统传输,系统不再有自己独立的控制中心级、车站级的网络设备服务器和操作工作站以及控制中心至车站的传输通道。

(2)互联。某系统独立设置,在中心级或车站级接入综合监控系统,通过数据接口连接,获取相关的数据信息,实现运营管理所需的部分人机界面监控或监视功能,以及系统间的信息共享,联动等功能。

目前,国内城市轨道交通综合监控系统集成方案主要有四种,即以行车调度指挥为核心的全集成方案、以电调、环调为核心的适度集成方案、以 BAS 为核心、中心互联 SCADA 系统的集成方案、利用各独立系统建立以综合信息共享为核心的集成方案。各集成方案如表10-1所示。

表 10-1　国内城市轨道交通综合监控系统集成方案

集成方案	工程应用	集成情况
方案一:以行车调度指挥为核心的全集成方案	新加坡东北线、中国香港东铁线、法国巴黎地铁	集成 ATS、SCADA、BAS;互联其他系统
	北京地铁 6 号线	
方案二:以电调、环调为核心的适度集成方案	北京地铁 5 号、8 号、9 号、10 号、14 号、15 号、16 号线	集成 SCADA、BAS;互联其他系统
	苏州地铁 1 号、2 号、4 号线	
	郑州地铁 1 号、2 号线	
	广州地铁 3 号、4 号、5 号、6 号线	
	北京机场线	
	天津地铁 2 号、3 号、4 号、5 号、6 号线	
方案三:以 BAS 为核心、中心互联 SCADA 系统的集成方案	南京地铁 3 号线、4 号、6 号线	集成 BAS;互联其他系统

（续表）

集成方案	工程应用	集成情况
方案四：利用各独立系统建立以综合信息共享为核心的集成方案	南京地铁1号线南延线，2号线、10号线	在各独立系统的基础上，在控制中心构建一套综合调度管理信息系统

国内地铁线路目前多采用以电力监控系统（SCADA）、环境与设备监控系统（BAS）为核心进行集成的方式，通过与屏蔽门（PSD）、广播（PA）、闭路电视（CCTV）等系统进行界面集成，显示其系统信息的同时，具备对其底层设备的基本控制功能；另外，还与列车自动监控系统（ATS）、时钟系统（CLK）、火灾报警系统（FAS）、乘客信息系统（PIS）等系统进行互联，只接收相关信息，而不进行控制，相关设备工况显示及控制维护功能由其系统自行实现。城市轨道交通的运营主要通过列车自动监控系统（ATS）来实现对列车的行车指挥，通过综合监控系统（ISCS）来实现对机电设备和电力设备的监控。ATS和ISCS相对独立，仅通过在控制中心互联的方式，交互少量数据。

以行车调度指挥为核心，集成信号系统的列车自动监控子系统（ATS）、电力监控（PSCADA）、环境与设备监控系统（BAS），实现集成系统的各级监控管理功能的全集成方案称为行车综合自动化系统（TIAS）。该系统采用以 ATS、PSCADA、BAS 为核心，集成或互联 PSD、PA、CCTV、CI、FAS、AFC、PIS、CLK、ACS、SIG 等系统。TIAS 还包括设备维护子系统（DMS）、网络管理子系统（NMS）、仿真培训子系统（TMS）。TIAS 在统一平台内实现对全线列车、机电设备、电力设备的监控功能，建立高效的联动机制，有利于实现系统间快速联动和非正常情况的快速反应，提高运营管理的安全性能，是理想的综合监控集成方式。

综合监控系统按照集成方式又可分为信息集成、部分集成、准集成、深度集成、完全集成等，见表 10-2。

表 10-2　不同集成方式的综合监控系统

名称		原理	特点	应用
集成方式	信息集成	利用分立系统的开放接口	保持原有系统不变，增加了处理环节。	南京地铁1号线南延、2号线
	部分集成	软硬件相近的平台	投资不大，对运营效率提高不大。	重庆轻轨、深圳地铁1号线
	准集成	对部分集成的范围扩展	改善系统零散格局，接口比较凌乱	广州地铁3号线、4号线
	深度集成	对准集成的深度扩展	减少了接口	广州地铁5号线、成都地铁1号线、上海地铁10号线
	完全集成	所有配套系统	更高层次的联动，施工难度大	巴黎14号线、新加坡东北线
衍生方式	线网综合监控系统			西班牙马德里地铁
	卫星站综合监控系统			香港地铁迪士尼站

以南京地铁二号线为例，其综合监控系统主要为综合信息集成系统（Integrated Information Management System，IMS），以信息平台为基础，集成了 SCADA、BAS、PIS、ACS、FAS、PSD、CCTV、PA、SIG、CLK 等系统，IMS 结构图和拓扑图如图 10-1 所示。

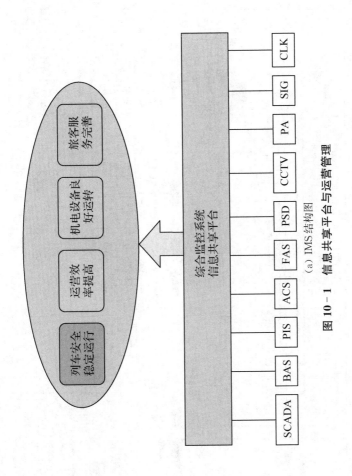

图 10-1 信息共享平台与运营管理

(a) IMS 结构图

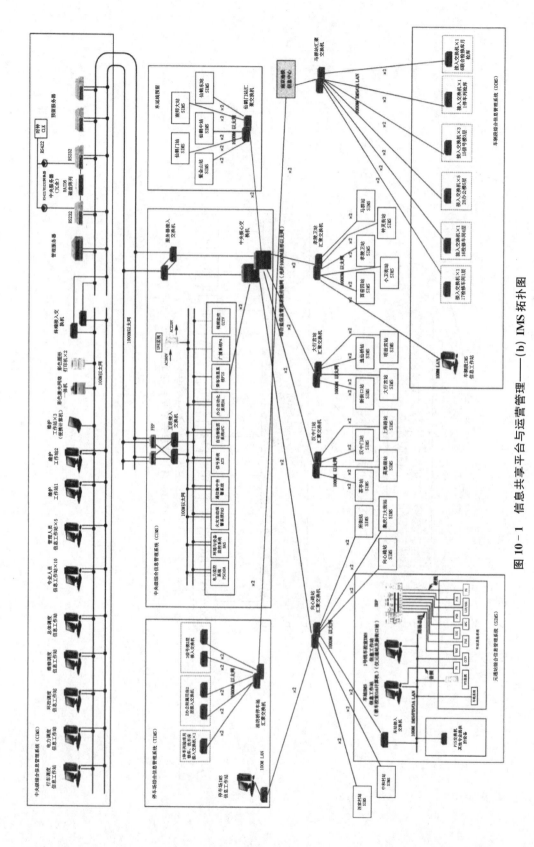

图 10-1 信息共享平台与运营管理——(b) IMS 拓扑图

二、城轨综合监控系统的构成

城市轨道交通综合监控系统(ISCS)主要由中央综合监控系统(CISCS)、二是车站综合监控系统(SISCS)、车辆段综合监控系统(DISCS)、通信骨干网络(CBN)及集成互联子系统构成,综合监控系统架构图如图10-2所示。

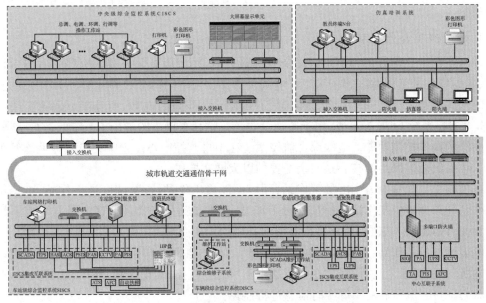

图 10-2　城市轨道交通综合监控系统架构图

中央级综合监控系统主要包括中央的数据处理和监控子系统、辅助决策子系统、维护管理子系统等。车站级综合监控系统主要包括车站现场设备的数据采集和监控子系统、车站数据综合处理子系统、车站数据转换和数据传输子系统。

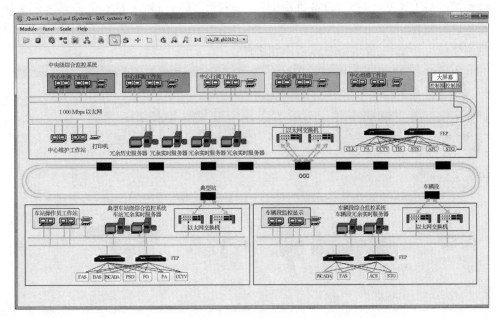

图 10-3　综合监控系统构成

我国城市轨道交通对 ISCS 综合集成,在车站就进行相应的综合和集中,只保留各系统底层的控制和采集设备,统一设置数据的综合、处理、转换、传输设备;在控制中心鉴于信号系统的特殊性,除保留该系统的中心服务器外,统一设置服务器、网络及其他的软硬件设备,实现设备资源的公用和信息资源的共享。

典型的 ISCS 主要由中央综合监控系统、车站综合监控系统(包括 IBP 盘)及综合监控骨干网等组成。

1. 中央级综合监控系统

CISCS 由中央监控网络、OCC 冗余实时服务器、冗余历史服务器、磁盘阵列,磁带记录装置、各类操作员工作站(总调工作站、电调工作站、环调工作站、维调工作站),冗余的互联系统的网关装置(FEP 前端处理器或通信控制器)、不间断电源、打印机、网络管理系统 NMS,大屏幕系统 OPS 等组成,用于监视全线各车站和车辆段的各个子系统的运行状态,完成中央级的操作控制功能。地铁综合监控系统在中央监控中心设立中央级监控网络管理工作站。中央级监控网络的核心是冗余配置的以太网交换机。

在控制中心配置电力调度员工作站、环境调度员工作站、行车调度员工作站、维修调度员工作站和总调度员工作站和信息编辑工作站,调度员站用于实现调度人员与主控系统的人机界面(HMI),对被监控对象进行监视和必要的人工控制。

电力调度员工作站:主要由双电力调度员工作站、事件打印机、报表打印机等组成。对主变电所、牵引降压变电所、降压变电所和跟随所进行监控,实现遥测、遥控、遥信功能,对设备的状态、电压、电流和功率等实时信息进行监控。

环境调度员工作站:主要由双环控调度员工作站、事件打印机、报表打印机等组成。此工作站实现对车站和隧道的通风、照明、给排水,自动扶梯、导向系统等系统的中央监控功能。

行车调度员工作站:主要由双行车调度员工作站、事件打印机、报表打印机、广播行车的麦克等组成。用于对全线列车的行车调度安排。

维修调度员工作站:是全线设备维护调度中心。用于供维调人员对主控系统所监视的机电设备进行监视。

总调度员工作站:主要进行总体指挥和协调。

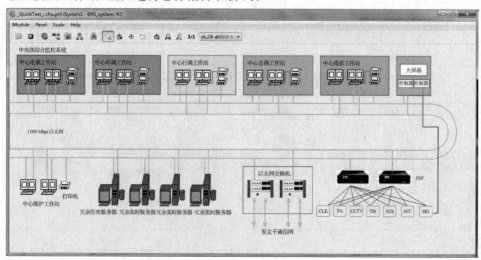

图 10-4　中央级综合监控系统构成

2.车站级综合监控系统

SISCS 位于车站,由车站监控网络、车站服务器、车站操作员工作站、前端处理器、双屏值班站长操作站、双屏值班员操作站、车站互联系统的网关装置 FEP、打印机、IBP 盘等组成,用于监视车站各子系统的运行状态,完成车站级的操作控制功能。车站综合监控系统具有完整的结构,具有自律性,可以独立完成车站各个系统的监控工作,不依赖线路中心工作,可以提供本站的实时和历史数据服务,是全线综合监控系统的基本单位。车站综合监控系统可以接受来自控制中心的控制。车站综合监控系统可分为三层:

(1) 车站现场设备层:主要包括车站各个运营系统的基础设备。

(2) 车站信息接入层:主要是综合监控系统与车站各系统的数据接口设备,数据接口设备一般采用工业计算机接入各个系统的多种现场总线或网络,完成各种通讯协议的转换,为车站服务器提供基础数据,完成各种控制运算和连锁联动功能。

(3) 车站操作管理层:主要包括车站操作站和服务器,服务器完成车站数据处理和存储,操作站向操作人员提供清晰的、易于操作的人机界面。

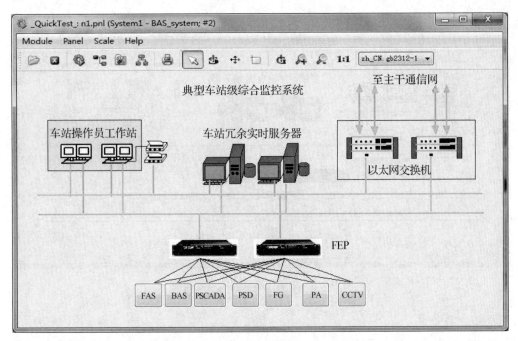

图 10-5　车站级综合监控系统构成

3.综合监控骨干网

通信骨干网是连接车站级监控系统和中央级监控系统的骨干传输通道,它将中央级监控系统、车站级监控系统和车辆段监控系统连接为一有机整体。早期国内地铁监控网络大多基于同步数字分级(SDH)或异步传输模式(ATM)通信方式。而今随着通信技术的发展,大多采用单独光纤通道组建综合监控系统骨干网,即开放式传输网(OTN)通信方式。根据地铁综合监控系统的数据传输要求,现地铁综合监控系统的骨干网大多采用数据传输速率为 1 000 Mbit/s 的以太网交换机作为数据传输的一个网络节点。

4. 车辆段综合监控系统

车辆段监控系统服务于车辆段值班人员和维护人员,同时作为后备控制中心,在紧急情况下负责对全线的调度指挥。车辆段监控系统属于车站级主控系统,但又与车站级有些不同,集成的系统少,主要服务对象为车辆段工作人员,不用直接为乘客提供服务。其构成也与车站级主控系统有所不同。

车辆段监控系统主要由车辆段冗余实时服务器、以太网交换机、打印机、车辆段监控显示终端等组成车站级局域网,实现车辆段范围的监控。

为提高整个监控系统的可靠性,需要车辆段在中央级监控系统出现故障时能够作为备用控制中心,进行全线中央级监控。为此,车辆段监控系统设置冗余的实时服务器、双屏综合工作站、网络设备、打印机以及在线式后备电源 UPS 组成。

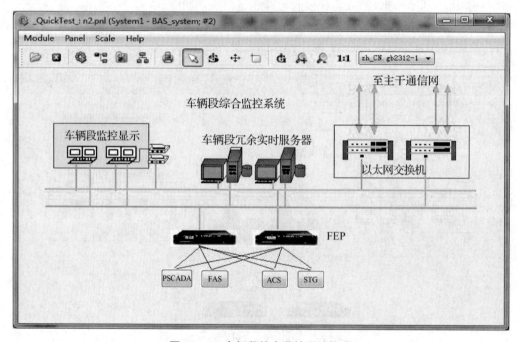

图 10-6　车辆段综合监控系统构成

5. 综合后备盘

车站车控室设置综合后备盘 IBP,实现紧急情况下(灾害及阻塞)相关重要设备的后备控制功能。根据不同站设备配置和车控室布置不同,宜采用一站一设计构思。每个车站控制室 IBP 盘,工作台的形状尺寸都应根据房间尺寸专门定制,控制室不仅要有高效的车站控制功能,而且在整体美观方面也有很高的标准。

三、城轨综合监控系统的设置

城轨综合监控系统采用三级控制方式,即中央级、车站级和现场级三级控制。对于设备而言,离设备越近,操作的优先权越高,就地级设备可以通过"本地"和"远程"转换开关获得设备操作权。如果设置为"远程"状态,该设备将设置为中央或车站控制。设备处于低级控制模式时,控制优先权在底层。

城轨综合监控系统采用两级管理模式,即中央级和车站级管理。控制中心的主要责任人员是各调度员和相关管理人员,车站、车辆段等站点的主要负责人员是值班站长和相关值班人员,通过综合监控系统实现对全线机电设备等方面的监视,根据实际情况调整管理方式,系统逻辑层次如图 10 - 7 所示。

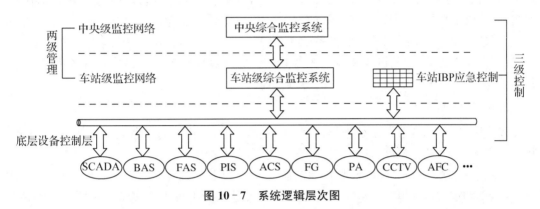

图 10 - 7　系统逻辑层次图

综合监控系统应具有良好的扩展性,当增加新线路或老线路中延长新站时能够在不影响当前运营的条件下,平滑过渡。将来的扩展主要有以下几种情况:

(1)增加新站:单独建设新站,在调试完成后,将该站连入原线路网络,先将该站数据库加入线路中心数据库,在线路中心操作站增加新线路画面,调试完成后,将该站数据库加入综合中心数据库,在综合中心操作站增加新站画面。

(2)换乘站:与新站相同。只是需要在两条线路中心数据库修改。

基于以上的原因,要求综合监控系统应具有如下特点:

(1)系统设备模块化,软件组件化,可以实现灵活拼装。

(2)硬件配置和数据组织形式以车站综合监控系统为单位,一个车站就是一个模块,是基础的数据源。车站综合监控系统可以向多个中心同时提供数据服务,因此支持单线路多中心结构,包括区域控制中心和线路中心的两级结构。

(3)网络系统扩展性好,允许平滑扩展。

(4)采用中间件技术,实现软件总线化,屏蔽实际车站系统特征,对于任何数据对象访问,均可以用线路名-站名-点名逐级检索,每个数据对象的命名在整个地铁系统中是唯一的。

四、城轨综合监控系统的功能

1. 正常情况下

列车正常运营情况下,总调将负责综合监控系统及各子系统的调度与管理工作,协调相关业务台间的工作,共享网上各子系统的运行信息,协调完成相关调度台之间的配合工作,OCC 监控着全线各车站、各有关专业系统,根据预排时序和规定模式定时起停各种设备,并可根据列车运行信息、客流信息、环境探测参数调整供电、照明、环控、引导显示、售检票等系统参数,监控各系统工作状况。

2. 火灾模式下

火灾发生时,OCC 的环调工作站自动成为防灾指挥中心站,弹出防灾指挥主画面。大屏幕系统可按火灾模式分割画面,成为指挥中心系统的显示窗口。OCC 根据现场的实际情况,制定相关的应急处理措施及决策,并监督防灾指挥台完成各项程序。

当车站、控制中心的现场探测设备确认火灾报警信息后,OCC 自动转为防灾指挥中心,并自动切换到全系统的灾害模式,车站环控系统、防排烟系统、消防泵站、屏蔽门、动力照明系统、门禁系统、广播系统、乘客资讯系统、CCTV 系统、自动售检票系统等,自动进入火灾模式,按照预定的方式,自动进入相应的工作状态。此时综合监控系统将综合现场报警信息、列车位置等有关的信息,使各有关系统协调工作。

3. 阻塞模式下

发生阻塞时,综合监控系统根据现场的实际情况制定相关的应急处理措施,配合 OCC 指挥中心人员,协调各调度台间的工作,及时决策,有效指挥。

当列车在站台、隧道区间受阻时,地铁运营部分受阻滞,综合监控系统收到 ATS 传来的信息后,自动进入阻塞模式,OCC 大屏幕发出进入阻塞模式的消息,提醒 OCC 和各车站车控室操作员进入阻塞模式,并显示列车的位置、状态、运行方向等信息。各有关系统协调互动,协助 OCC 调度人员消除阻塞。

4. 故障模式下

当主要系统设备出现重大故障,影响地铁系统的安全运行或危及设备、人身安全时,综合监控系统自动进入故障模式,OCC 大屏幕发出进入故障模式的消息,提醒 OCC 和各车站车控室操作员进入故障模式,各有关系统协调互动。

5. 维护模式下

在正常情况下,维调负责掌握各调度台监控范围内相关运行设备的运行技术状态信息,建立设备台账,组织制定综合维修计划和措施,向相关调度台提供设备维修计划,做好维护管理工作,组织指挥定期或临时的现场设备的维修工作。

当列车运行结束后,如要进行隧道结构、线路、接触网等重要系统的维护时,综合监控系统进入维护模式,各有关系统也将协调互动。

任务二 车站综合后备盘

在城市轨道交通监控系统中,综合后备盘(Integrated Backup Panel,IBP)是一种人机接口装置,由 IBP 盘面、一体化操作平台、落地柜体等组成。IBP 盘集中了火灾报警系统(FAS)、环境与设备监控系统(BAS)、电力监控系统(SCADA)、安全门系统(PSD)、自动售检票系统(AFC)、信号系统(ATS)、广播系统(PA)、门禁系统(ACS)、乘客信息系统(PIS)、垂直电梯及自动扶梯等主要设备,采用硬线连接,接口类型为无源触点,所有控制点采用单独回路。IBP 盘主要用于在紧急状态下对车站内相应的系统设备进行应急手动操作、视频监视等,是车站监控系统的最后一道防线,在车站级设备监控系统中具有最高权限。

一、IBP 盘概述

IBP 盘一般位于车控室,由上下两部分组成,上层部分为 IBP 盘面,主要设置指示灯和按钮,用于显示设备运行状态和控制操作,下层部分为设备操作台,主要放置各专业系统的设备,如显示器、调度电话和监视器以及相关的辅助设备,如图 10-8 所示。

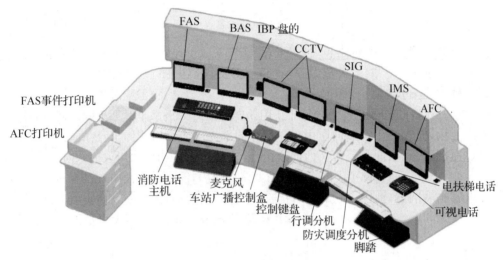

图 10-8　车控室 IBP 盘

IBP 盘与各专业系统通过电缆采用硬结点方式进行连接,其构成主要有工作电源、盘面布置的各专业操作控制按钮、信号状态指示灯、钥匙开关、时钟、相应各专业设备编号等。在 IBP 盘面上一般划出各分区,对不同系统的设备进行监控。

盘面上需要操作员操作的设备可分为钥匙开关、按钮两种元件。

钥匙开关操作:对某一区域进行操作前,需要将钥匙转至"允许"位;常态下不需要对该区域操作时,需要将钥匙转至"禁止"位。隧道通风与车站环控区域的钥匙开关位置除具有上述含义外还具有控制权限的含义。

按钮操作:按钮分为自复按钮和自锁按钮。自复按钮指操作员松开按钮后按钮自动恢复到初始状态,自锁按钮指操作员从按钮初始状态(按钮指示灯灭)按下后,按钮能自保持(按钮指示灯亮),若要使按钮恢复至初始状态,需要再次按下按钮。需要注意的是,当自锁按钮处于按下位置时(按钮指示灯亮)不允许转动钥匙开关。即钥匙开关转动前应确保该区域的自锁按钮处于初始状态(按钮指示灯灭),否则会造成误操作。

表 10-3　不同控制区域下按钮分类

控制区域	按钮名称	按钮形式
消防水泵	启动、停止	自复按钮
专用排烟风机	启动、停止	自复按钮
气体灭火	停喷	自锁按钮

（续表）

控制区域	按钮名称	按钮形式
加压送风机	启动、停止	自复按钮
站台门	开启、关闭	自复按钮
自动售检票	紧急释放	自锁按钮
门禁	紧急开门	自复按钮
信号	紧停、取消紧急	自锁按钮
隧道通风	该区域全部按钮	自复按钮

二、IBP 盘的功能

正常情况下，由控制中心调度人员指挥全线路的运行，IBP 钥匙打在无效位。在特殊情况下，如控制中心失去功能时，则整个地铁线路可降级运行，由各车站直接完成运行管理，此时 IBP 盘就发挥了作用，IBP 盘面如图 10 - 9 所示。

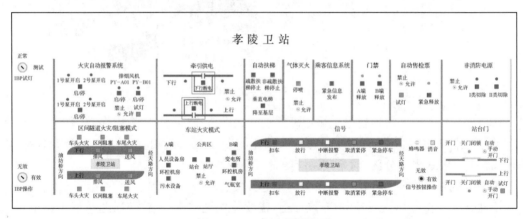

图 10 - 9　IBP 盘面操作区

1. 供电系统功能区

供电系统功能区如图 10 - 10 所示，当需要操作时，将该区域钥匙开关打至"允许"位。按下"下行断电"按钮，实现对本站相邻供电分区的下行牵引网断电操作，同时闭锁合闸，并将停电信号在 IBP 盘上反馈，恢复供电时需要再次按下该按钮撤销闭锁，上行断电操作过程与下行类似，操作完成后将钥匙开关打至"禁止"位。

2. 环境与设备监控系统功能区

环境与设备监控系统功能区分车站紧急通风

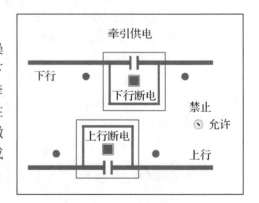

图 10 - 10　牵引供电功能区

和隧道紧急通风功能区，如图 10 - 11 所示。控制隧道通风、车站通风，监控车站及区间内的防排烟风机等设备,运用模式有消防联动和阻塞模式等,见表 10 - 4。

表 10 - 4 不同灾害模式下联动设备

发生地点	灾害模式	联动设备
车站 A 端	人员设备房发生火灾	风机和电动风量调节阀关闭。相应新风管、排风管上的电动防火阀关闭。大系统排风管的连室外排风管段关闭。
	污水泵房发生火灾	风机和电动风量调节阀关闭。
公共区	站台公共区发生火灾	大系统站厅层新风机、站台层排风机开启,回风管、新风管其余管路、排风管及其风机关闭。开启全部的排热风机及相应的电动组合风阀。回排风机开启,屏蔽门开启。
	站厅公共区发生火灾	大系统站厅层排风机、站台层新风机开启,排风管其余管路、回风管、新风管及其风机关闭。开启排热风机及相应的电动组合风阀。回排风机开启,空调机组关闭。
车站 B 端	变电所发生火灾	风机和电动风量调节阀关闭。
	环控机房发生火灾	新风管道上的风机和电动风量调节阀关闭,排风管道上的相应风机和电动风量调节阀开启。
	气瓶室发生火灾	风机和电动风量调节阀关闭。
区间隧道	下行车尾发生火灾	下行区间隧道开启 TVF 风机,上行区间隧道正常通风,排热风道开启,关闭屏蔽门。
	区间隧道发生阻塞	下行区间隧道开启 TVF 风机,上行区间隧道正常通风,排热风道关闭。关闭屏蔽门。
	下行车头发生火灾	下行区间隧道开启 TVF 风机,上行区间隧道正常通风,排热风道开启。关闭屏蔽门。
	上行车尾发生火灾	上行区间隧道开启 TVF 风机,下行区间隧道正常通风,排热风道开启,关闭屏蔽门。
	区间隧道发生阻塞	上行区间隧道开启 TVF 风机,下行区间隧道正常通风,排热风道关闭。关闭屏蔽门。
	上行车头发生火灾	上行区间隧道开启 TVF 风机,下行区间隧道正常通风,排热风道开启。关闭屏蔽门。

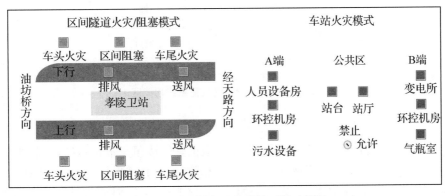

图 10 - 11 环境与设备监控系统功能区

3. 自动售检票系统功能区

自动售检票系统功能区如图 10 - 12 所示，钥匙开关打至"允许"位，IBP 盘上设置的紧急释放按钮与车站 AFC 闸机设备联动，紧急情况下对本站所有的闸机开启，便于乘客疏散。

4. 站台门系统功能区

站台门系统功能区如图 10 - 13 所示。在紧急情况发生时（如滑动门与车体之间存在异物，列车正常到站滑动门无法打开，火灾、阻塞需紧急疏散等），通过 IBP 盘的站台门钥匙开关打至"允许"位，按下"开门"按钮，实现对滑动门的紧急开启功能。

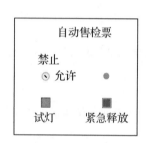

图 10 - 12 自动售检票系统功能区

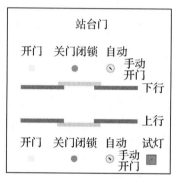

图 10 - 13 站台门系统功能区

5. 火灾自动报警系统功能区

火灾自动报警系统功能区如图 10 - 14 所示。监视消防泵、专用排烟风机等消防设备的运行状态，启停消防泵、专用排烟风机等消防设备。

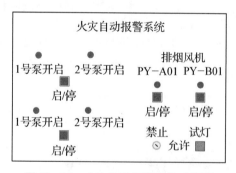

图 10 - 14 火灾自动报警系统功能区

6. 信号系统功能区

信号系统功能区如图 10 - 15 所示。紧停及取消紧停按钮是带铅封的，当需要对这些按钮操作时需将铅封剪掉。需要紧停上行/下行列车时，按下紧停按钮持续 1—2 秒，此时蜂鸣器响，按下"消音"按钮后蜂鸣器不响。需要取消紧停上行/下行列车的紧停时，按下"取消紧停"按钮持续 1—2 秒。

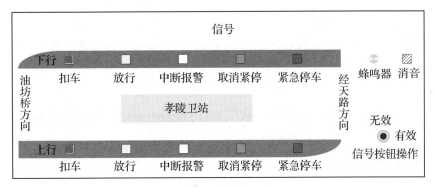

图 10-15 信号系统功能区

7. 门禁系统、乘客信息系统及非消防电源功能区

门禁系统、乘客信息系统及非消防电源功能区如图 10-16 所示，在火灾、恐怖袭击等紧急情况下，对本站相应区域门禁系统电锁的紧急断电，门锁自动释放，同时乘客信息系统发布紧急撤离信息，便于运营人员和乘客逃离危险区域。

当发生火灾时，需要切除非消防电源。

钥匙开关打至允许位，IBP 盘远程切除非消防电源。切除车站中的总照明、导向照明、广告照明，非疏散用电梯等设备电源；切除模型中的区间维修照明，环控机房内的空调设备电源。

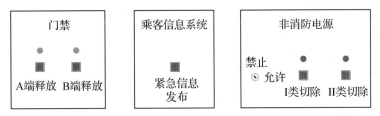

图 10-16 门禁系统、乘客信息系统及非消防电源功能区

8. 气体灭火功能区

气体灭火功能区如图 10-17 所示，当需要操作气体灭火时，将该区域的钥匙开关转至"允许"位。按下"停喷"按钮，即可下发控制指令，完成停喷操作。需要恢复时可再次按下"停喷"按钮，将钥匙开关转至"禁止"位。

图 10-17 气体灭火功能区　　图 10-18 自动扶梯和垂直扶梯功能区

9. 自动电梯和垂直扶梯功能区

自动电梯和垂直扶梯功能区如图 10-18 所示，自动扶梯分疏散扶梯和非疏散扶梯。当发生火灾时，垂直电梯将降至基层。

单元练习

一、单项选择题

1. 国内城市轨道交通第一次采用综合自动化监控系统的是（　　）。

A. 深圳地铁　　　　　　　　　　　　B. 南京地铁

C. 广州地铁　　　　　　　　　　　　D. 莫斯科地铁

2. IBP 对主要的控制设备一般采用（　　）方式连接。

A. 总线　　　　　　　　　　　　　　B. 无线

C. 网络　　　　　　　　　　　　　　D. 硬线

3. RS-232、RS-422 与 RS-485 都是（　　）。

A. 并行数据接口标准　　　　　　　　B. 单向发送的

C. 串行数据接口标准　　　　　　　　D. 双向发送的

4. PA、CCTV、CLK 是通过（　　）接口与 FEP 相连。

A. RS232　　　　　　　　　　　　　B. RS422

C. RS485　　　　　　　　　　　　　D. RJ45

5. 城市轨道交通综合监控系统采用集成和（　　）两种方式接入相关系统。

A. 互动　　　　　　　　　　　　　　B. 联动

C. 共享　　　　　　　　　　　　　　D. 互联

二、多项选择题

1. 国内城市轨道交通综合监控系统集成方案主要有（　　）。

A. 以行车调度指挥为核心的全集成方案

B. 以电调、环调为核心的适度集成方案

C. 以 BAS 为核心、中心互联 SCADA 系统的集成方案

D. 利用各独立系统建立以综合信息共享为核心的集成方案

2. 城市轨道交通综合监控系统主要由（　　）集成互联子系统构成。

A. 中央综合监控系统　　　　　　　　B. 车站综合监控系统

C. 车辆段综合监控系统　　　　　　　D. 通信骨干网络

3. 城市轨道交通综合监控三级控制方式为（　　）。

A. 操作员级　　　　　　　　　　　　B. 中央级

C. 车站级　　　　　　　　　　　　　D. 现场级

4. 城市轨道交通综合监控系统采用两级管理模式为（　　）。

A. 操作员级　　　　　　　　　　　　B. 中央级

C. 车站级　　　　　　　　　　　　　D. 现场级

5. IBP 盘主要用于在紧急状态下对车站内(　　　)系统设备进行应急手动操作。

A. PSD　　　　　　　　　　　　　　B. ACS

C. AFC　　　　　　　　　　　　　　D. PA

三、判断题

(　　　)**1.** 当烟感报火警时,在综合监控系统会同时接收到火灾汇总信息。

(　　　)**2.** 国内地铁第一次采用综合自动化监控系统的是北京地铁 1 期工程。

(　　　)**3.** 广州地铁 3 号线和 4 号线,已开始实施国内最大的综合监控系统。

(　　　)**4.** 综合监控系统软件,可完成控制中心的单选广播模式功能,即向全线任意一个车站内的任一区域、多个区域、全部区域进行广播。

(　　　)**5.** 车站级 FAS 直接向车站级 BAS 发送火灾模式指令;车站 ISCS 监视 FAS 发来的火灾模式及 BAS 执行的结果状态。

(　　　)**6.** 城市轨道交通自动化系统是一个地理上分散的 DCS 系统。

(　　　)**7.** 在 BAS 系统中,实时数据处理和控制主要由各 PLC 控制器完成,PLC 是车站 BAS 系统的核心。

(　　　)**8.** 按照综合监控验收要求,柜内设备应安装接地线,接地线设备端与设备的接地端子或设备外壳相连,另一端接到柜体的接地铜排。

(　　　)**9.** 综合监控系统与 FAS 系统的时钟同步,采用 MODBUS 协议,向 FAS 系统提供网络同步对时信息。

(　　　)**10.** 当车站站厅层发生火灾时,BAS 不需要联动隧道通风系统。

四、简答题

1. 简述车站级综合监控系统与哪些专业有接口。

2. 简述中央级综合监控系统的组成部分。

3. 简述城轨综合监控系统在火灾模式下的功能。

4. 简述车站 IBP 盘的作用。

5. 简述车站 IBP 盘的组成。

参考文献

[1] 朱济龙,唐春林.城市轨道交通车站机电设备[M].第2版.北京:机械工业出版社,2018.

[2] 李红莲.城市轨道交通车站机电设备[M].北京:机械工业出版社,2020.

[3] 颜月霞.城市轨道交通综合监控系统[M].北京:人民交通出版社,2021.

[4] 俞军燕.机电设备检修工(屏蔽门检修)[M].北京:中国劳动社会保障出版社,2019.

[5] 翁桂鹏.城市轨道交通车站屏蔽门系统运行与维护[M].成都:西南交通大学出版社,2018.

[6] 廉红珍.城市轨道交通自动售检票系统及票务处理[M].北京:高等教育出版社,2019.

[7] 周静.城市轨道交通车站设备应用[M].北京:高等教育出版社,2019.

[8] 邵震球.城市轨道交通车站设备[M].北京:机械工业出版社,2018.

[9] 徐胜南,李桃.城市轨道交通环控系统维护与检修[M].北京:人民交通出版社,2021.

[10] 仇海兵.城市轨道交通车站设备[M].第3版.北京:人民交通出版社,2021.

[11] 陈舒萍.城市轨道交通车站空调与通风系统[M].成都:西南交通大学出版社,2018.

扫码查看本书习题答案